刊行にあたっ〔

JN123154

　本書は、銀行業務検定試験「財務3級」を受験される方のために刊行された参考書です。

　金融機関行職員にとって、財務知識は企業取引を遂行するうえで必要不可欠なものです。企業の経営成績や、財政状態を報告するために作成・公開される財務諸表の内容を理解して分析することが、企業取引の基本となるからです。そのため同試験では、実務上必要とされる、基本的な財務知識が問われます。

　本書は、受験前の貴重な時間を有効に利用したい受験者のために、過去の出題傾向を分析し、出題頻度の高い70項目を厳選したうえで簡潔・明瞭に整理することを主眼に作成しました。

　左ページに各項目の解説、右ページにはそのポイントを図表などでコンパクトにまとめ、1項目につき2ページの見開きで完結させました。また、各項目には重要度を★の数（重要度が高くなるにつれ、数が増えます）で示し、関連性の高い出題（直近の実施年月・問題番号）を掲示しました。さらに本文中、特に重要な語句は太字にし、重要な箇所にはアンダーラインを付していますので、学習の際に参考としてお役立てください。

　けっして、本書のみでの学習で合格を約束するものではありませんが、受験直前の確認や要点整理に役立つものと確信しております。『銀行業務検定試験　財務3級問題解説集』（当社刊・銀行業務検定協会編）を通読後、総仕上げとして本書を効果的に活用していただけましたら幸いです。

　なお、本書の執筆に際しては、監査法人東海会計社の小島浩司氏に多大なご協力をいただきました。この場を借りてお礼申し上げます。

2024年3月

経済法令研究会

銀行業務検定試験

財務**3**級
直前整理**70**

2024年度
受験用　　経済法令研究会　編

経済法令研究会

もくじ

財務諸表

財務分析

財務諸表

銀行業務検定試験

財務3級
直前整理70

[会計制度]
会社法の「計算書類」

重要度　　　[★★☆]

進度チェック ☑ ☑ ☑

出題【22年6月・問1】

会社法の会計制度

会社法は、商法や有限会社法等を統合して平成18年5月1日に施行された法律で、株主及び債権者保護を目的として、企業の会計実務を規制しています。

計算書類等の作成

会社法では、株式会社は、各事業年度に係る**計算書類、事業報告並びにこれらの附属明細書**を作成しなければならないこととされています。

計算書類とは、以下の4つのものをいいます。

①貸借対照表

②損益計算書

③株主資本等変動計算書

④個別注記表

取締役会設置会社では、定時株主総会の招集の通知に際し、株主に対して、計算書類及び事業報告を提供しなければならないこととされています。

大会社

会社法では、次の要件のいずれかに該当する会社を「**大会社**」としています。

①貸借対照表の**資本金の額が5億円以上**であること

②貸借対照表の**負債の部の合計額が200億円以上**であること

会社法上の大会社は、会計監査人を設置し、会計監査人による計算書類及びその附属明細書の監査を受ける必要があります。

■計算書類等の構成

書　　類		内　　容
事業報告		会社の事業の状況を示すもの
計算書類	貸借対照表　（3参照）	一定時点における資産、負債及び純資産を記載し、企業の財政状態を表すもの
	損益計算書　（19参照）	一定期間における収益や費用を記載して、企業の経営成績を表すもの
	株主資本等変動計算書（27参照）	一定期間における貸借対照表の純資産の部の変動状況を示すもの
	個別注記表　（29参照）	貸借対照表、損益計算書、株主資本等変動計算書等に対する注記事項をまとめて記載するもの
附属明細書		計算書類及び事業報告を補足するもの

（注1）キャッシュ・フロー計算書の取扱い
　　　キャッシュ・フロー計算書は、<u>会社法上の計算書類には該当しない</u>（上場企業等が、金融商品取引法に基づいて提出する有価証券報告書等に記載される財務諸表の1つとして作成される）。
（注2）連結計算書類
　　　会社法の規定に基づき、連結ベースの計算書類である「連結計算書類」が作成される場合がある。連結計算書類は、会社法上の大会社で、かつ金融商品取引法上の規定により有価証券報告書を提出する会社について、作成しなければならないこととされている。

2

企業会計原則

企業会計原則と会社法

　企業会計原則とは、企業会計の実務のなかから一般に公正妥当と認められたところを要約したもので、かならずしも法令によって強制されないでも、すべての企業がその会計を処理するにあたって従わなければならない基準をいいます。

　会社法においては、株式会社の会計は一般に公正妥当と認められる企業会計の慣行に従うものとされています。

企業会計原則の構成

　企業会計原則は、**一般原則、損益計算書原則、貸借対照表原則**の3つに区分されています。

　このうち「一般原則」は、企業会計全般にわたる基本的な考え方を示しており、①**真実性の原則**、②**正規の簿記の原則**、③**資本取引・損益取引区分の原則**、④**明瞭性の原則**、⑤**継続性の原則**、⑥**保守主義の原則**、⑦**単一性の原則**の7つの原則が掲げられています。

一般原則に該当しないもの

　企業会計原則の一般原則以外の原則として、次のような原則があります。

・重要性の原則（一般原則に準ずるもの）

・発生主義の原則（損益計算書原則）

・総額主義の原則（損益計算書原則、貸借対照表原則）

・費用収益対応の原則（損益計算書原則）

・実現主義の原則（売上収益の計上の基準）

■一般原則の内容

項　目	内　容
①真実性の原則	企業会計は、企業の財政状態および経営成績に関して、真実な報告を提供するものでなければならない。
②正規の簿記の原則	企業会計は、すべての取引につき、正規の簿記の原則に従って正確な会計帳簿を作成しなければならない。
③資本取引・損益取引区分の原則	資本取引と損益取引とを明瞭に区別し、特に資本剰余金と利益剰余金とを混同してはならない。
④明瞭性の原則	企業会計は、財務諸表によって利害関係者に対して必要な会計事実を明瞭に表示し、企業の状況に関する判断を誤らせないようにしなければならない。
⑤継続性の原則	企業会計は、その処理の原則および手続を毎期継続して適用し、みだりに変更してはならない。
⑥保守主義の原則	企業の財政に不利な影響を及ぼす可能性がある場合には、これに備えて適当に健全な会計処理をしなければならない。
⑦単一性の原則	株主総会提出のため、信用目的のため、租税目的のため等、種々の目的のために異なる形式の財務諸表を作成する必要がある場合、それらの内容は、信頼し得る会計記録に基づいて作成されたものであって、政策の考慮のために事実の真実な表示をゆがめてはならない。

貸借対照表の仕組み

3

重要度　　　［★★☆］

進度チェック ☑ ☑ ☑

出題【23年6月・問2】

貸借対照表の意義

　貸借対照表は、企業の<u>財政状態</u>を明らかにするため、<u>一定時点（貸借対照表日）</u>におけるすべての**資産**、**負債**及び**純資産**を記載するものです。

　貸借対照表では、<u>資産の部で投下資金の運用状況を示し、負債及び純資産の部でその資金の調達源泉を示す</u>ことで、企業の財政状態を表しています。

貸借対照表

投下資金の
運用状況

資金の
調達源泉

貸借対照表の記載区分

　貸借対照表の資産、負債及び純資産は、概ね次のように区分して表示されます（会社法（会社計算規則）による区分）。

・資産の部は、**流動資産**、**固定資産**、**繰延資産**に区分

・固定資産の部は、さらに**有形固定資産**、**無形固定資産**、**投資その他の資産**に区分

・負債の部は、**流動負債**、**固定負債**に区分

・純資産の部は、**株主資本**、**評価・換算差額等**、**株式引受権**、**新株予約権**に区分

・株主資本の部は、さらに**資本金**、**資本剰余金**、**利益剰余金**、**（自己株式）**に区分

■貸借対照表の記載区分

貸借対照表
（令和×1年3月31日現在）

（資産の部）		（負債の部）	
Ⅰ 流動資産	×××	Ⅰ 流動負債	×××
○○○	××	○○○	××
○○○	××	○○○	××
○○○	××	Ⅱ 固定負債	×××
Ⅱ 固定資産	×××	○○○	××
1. 有形固定資産	××	負債合計	×××
○○○	××	（純資産の部）	
○○○	××	Ⅰ 株主資本	×××
○○○	××	1. 資本金	××
2. 無形固定資産	××	2. 資本剰余金	××
○○○	××	3. 利益剰余金	××
○○○	××	4. 自己株式	△××
3. 投資その他の資産	××	Ⅱ 評価・換算差額等	××
○○○	××	1. その他有価証券評価差額金	××
Ⅲ 繰延資産	×××	Ⅲ 株式引受権	××
○○○	××	Ⅳ 新株予約権	××
		純資産合計	×××
資産合計	×××	負債及び純資産合計	×××

（注1）各記載区分における勘定科目例については ⑤ （10、11頁）参照。

（注2）上記のほか、個別注記表における「貸借対照表に関する注記」として、資産が担保されている事項や資産に係る減価償却累計額などが注記される。

（注3）会社法の一部改正で取締役の報酬等として株式を無償交付する取引が定められたことに伴い、2021年3月1日より、新たに「株式引受権」区分が追加されている。

資産・負債の区分表示

重要度	[★★☆]
進度チェック	☑ ☑ ☑

出題【23年6月・問3】

資産・負債の区分と配列

　貸借対照表における資産の部は「流動資産」「固定資産」「繰延資産」に、負債の部は「流動負債」「固定負債」に区分して記載します。

　企業会計原則では、流動項目と固定項目の配列は原則として、流動性の高い科目から順に配列する**流動性配列法**によることとされています。

流動・固定の区分方法

　貸借対照表上、流動項目（流動資産・流動負債）と固定項目（固定資産・固定負債）とに分類する基準には、（正常）営業循環基準とワン・イヤー・ルール（1年基準）とがあります。

　（正常）営業循環基準とは、企業の主目的たる一連の営業循環過程における正常な資産・負債を流動項目とする基準をいいます。

　一方、**ワン・イヤー・ルール（1年基準）**とは、主たる営業取引以外の取引により生じた資産及び負債について、決算日以後1年以内に回収または支払が行われる項目を流動資産・流動負債に、それ以外を固定資産・固定負債とする基準をいいます。

　営業循環基準とワン・イヤー・ルールの適用にあたっては、<u>最初に営業循環基準を適用し、その後にワン・イヤー・ルールを適用して分類する</u>こととされています。

　例えば、商品の売上代金として受け取った約束手形（受取手形）は営業取引から生じる資産であるため、支払期日が1年以上先であっても、営業循環基準が適用されて流動資産に分類されます。ただし、当該約束手形が不渡りとなった場合等には、もはや正常な営業循環過程にあるとはいえないため、ワン・イヤー・ルールにより分類されます（13「破産更生債権等の取扱い」参照）。

■資産・負債の配列（流動性配列法）

①資産：換金性の高い科目から低い科目の順に記載
　　　（流動資産→固定資産→繰延資産）
②負債：支払期限の早い科目から遅い科目の順に記載
　　　（流動負債→固定負債）

■営業循環基準のイメージ

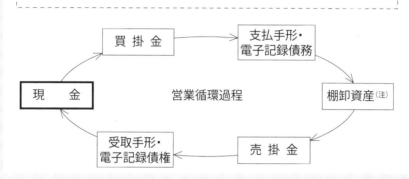

（注）販売目的で所有する不動産も、営業取引から生じる資産であるため、営業循
　　環基準が適用される。

■流動・固定の分類基準の適用

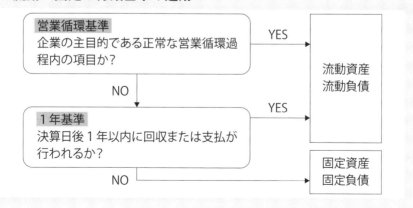

勘定科目と貸借対照表上の記載区分

重要度　　　　[★★☆]

進度チェック ☑ ☑ ☑

出題【23年6月・問4、5】

流動項目の配列

　流動性配列法 (注) によった場合、流動資産及び流動負債の各項目について
も流動性の高い項目から順に配列します。

　流動資産については、換金性の高い順に現金及び預金→受取手形→売掛金
→有価証券→棚卸資産→…の順で配列します。一方の**流動負債**については、
支払期日及び債務性の強さの順に、支払手形→買掛金→短期借入金→…の順
で配列します。

(注) ④（8頁）参照。

固定項目の配列

　固定資産は、<u>有形固定資産</u>、<u>無形固定資産</u>、<u>投資その他の資産</u>の3つに区
分されます。

　建物、構築物、機械装置、船舶、車両運搬具、工具器具備品、土地、建設
仮勘定などは、有形固定資産に属するものとされています（⑩参照）。

　無形固定資産に属するものには、特許権、借地権などの法律上の権利の
他、ソフトウェア、のれん、電話加入権などがあります（⑩参照）。

　流動資産に属しない子会社株式等の有価証券や長期貸付金の他、有形固定
資産、無形固定資産及び繰延資産に属するもの以外の長期資産は、投資その
他の資産となります（⑬参照）。

　一方、**固定負債**は、固定資産のような3区分はなく、社債、長期借入金や
退職給付引当金などがこれに属します（⑮参照）。

■貸借対照表の様式例

貸借対照表
（令和○年○月○日現在）

（単位：百万円）

科　　目	金　額	科　　目	金　額
（資産の部）		**（負債の部）**	×××
流動資産	×××	**流動負債**	×××
現金及び預金	×××	支払手形	×××
受取手形	×××	買掛金	×××
売掛金	×××	短期借入金	×××
有価証券	×××	リース債務	×××
商品及び製品	×××	未払金	×××
仕掛品	×××	未払費用	×××
原材料及び貯蔵品	×××	未払法人税等	×××
前払費用	×××	前受金	×××
短期貸付金	×××	預り金	×××
その他	×××	前受収益	×××
貸倒引当金	△×××	賞与引当金	×××
固定資産	×××	その他	×××
有形固定資産	×××	**固定負債**	×××
建物	×××	社債	×××
構築物	×××	長期借入金	×××
機械装置	×××	リース債務	×××
車両運搬具	×××	退職給付引当金	×××
工具器具備品	×××	役員退職慰労引当金	×××
土地	×××	その他	×××
リース資産	×××	**負債合計**	
建設仮勘定	×××	**（純資産の部）**	×××
その他	×××	**株主資本**	×××
無形固定資産	×××	資本金	×××
借地権	×××	資本剰余金	×××
ソフトウェア	×××	資本準備金	×××
リース資産	×××	その他資本剰余金	×××
のれん	×××	利益剰余金	×××
その他	×××	利益準備金	×××
投資その他の資産	×××	その他利益剰余金	×××
投資有価証券	×××	○○積立金	×××
関係会社株式	×××	繰越利益剰余金	×××
長期貸付金	×××	自己株式	△×××
長期前払費用	×××	**評価・換算差額等**	×××
繰延税金資産	×××	その他有価証券評価差額金	×××
その他	×××	繰延ヘッジ損益	×××
貸倒引当金	△×××	土地再評価差額金	×××
繰延資産	×××	**株式引受権**	×××
社債発行費	×××	**新株予約権**	×××
		純資産合計	×××
資産合計	×××	**負債・純資産合計**	×××

11

6

受取手形

受取手形の意義

得意先との間に発生した営業取引上の手形債権を「**受取手形**」といい、資産の部に計上されます。

なお、先日付小切手は受取手形として処理されます。

割引手形と裏書譲渡手形

受取手形のうち、満期日前に金融機関等で換金して割り引かれた手形のことを**割引手形**といいます。また、受取手形に裏書をして、債務の支払のために第三者に譲り渡した手形を**裏書譲渡手形**といいます。

割引手形や裏書譲渡手形は**偶発債務**とよばれます。そのため、受取手形のうち、割引に付したものや裏書譲渡したものは、次のように処理します。

・貸借対照表の資産の部の計上額から控除する。

・割引手形の残高、裏書譲渡手形の残高を、貸借対照表に関する注記として個別注記表に記載する（29参照）。

〔**偶発債務**〕

現時点では履行すべき確定債務として成立しているものではないが、将来において一定の条件の下で発生する債務をいいます。受取手形の割引高や裏書譲渡高のほか、他者に対する債務保証、重要な係争事件に係る損害賠償義務などがあります。

偶発債務は潜在的な債務であるため、貸借対照表に記載せず、その内容を注記として「注記表」に記載します。

■受取手形の残高

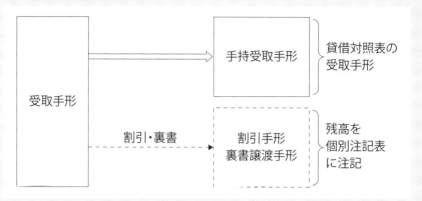

（注）貸借対照表の受取手形の金額は、手形割引高及び手形裏書譲渡高が含まれて
いない<u>手持受取手形の金額を示している</u>ことになる。

偶発債務と引当金

　将来の特定の費用または損失について、その発生の可能性が高くなり、一定の要件を満たす場合には、**引当金**として貸借対照表に計上しなければなりません（16参照）。

　一方、将来の発生の可能性の低い偶発債務に係る費用または損失については、引当金を計上することはできません。

電子記録債権・債務

　電子記録債権は、手形債権の代替として機能することが想定されているため、会計処理上は、手形債権に準じて取り扱うことが適当とされています。

債権者側	売掛金に関連して電子記録債権を発生させた	（借）電子記録債権×× （貸）売掛金××
	電子記録債権を譲渡した	（借）現金×× （貸）電子記録債権××
	電子記録債権が決済された	（借）現金×× （貸）電子記録債権××
債務者側	買掛金に関連して電子記録債務を発生させた	（借）買掛金×× （貸）電子記録債務××

有価証券(1)

有価証券の区分

有価証券はその保有目的によって次のとおり区分され、それぞれの区分ごとに評価基準が定められています。

①売買目的有価証券

時価の変動により利益を得ることを目的として保有する有価証券（いわゆるトレーディング目的のもの）

②満期保有目的の債券

満期まで所有する意図をもって保有する社債その他の債券

③子会社株式及び関連会社株式

子会社・関連会社に該当する会社の株式

④その他有価証券

上記①〜③以外の有価証券

有価証券の表示方法

有価証券の貸借対照表への表示区分は、その保有目的区分に応じて定められています。

売買目的有価証券及び決算期後1年以内に償還期限が到来する債券については、原則として「流動資産の部」に記載し、これら以外については「固定資産の部（投資その他の資産）」に記載します。

■有価証券の評価基準（期末評価額の算出方法）

保有目的		評価基準
売買目的有価証券		時　　価
満期保有目的の債券 (注)		取得原価または償却原価
子会社株式・関連会社株式		取得原価
その他有価証券 (注)	原則（下記以外）	時　　価
	市場価格のない株式等	取得原価

（注1）評価方法の詳細については 8 参照。
（注2）「時価の算定に関する会計基準」の公表等に伴い、「市場価格のない株式等」
　　　以外の社債等の債券等についても時価をもって評価することとされている（2021
　　　年4月1日以後開始事業年度から適用）。

■有価証券の表示区分

保有目的		表示区分
売買目的有価証券		流動資産
満期保有目的の債券	1年内満期到来	流動資産
	上記以外	固定資産 （投資その他の資産）
子会社株式・関連会社株式		固定資産 （投資その他の資産）
その他有価証券	1年内満期到来	流動資産
	上記以外	固定資産 （投資その他の資産）

[貸借対照表]
有価証券(2)

満期保有目的の債券の評価方法

　満期保有目的の債券は、満期まで保有する意図をもって所有しているため、原則として**取得原価で評価**します。

　ただし、債券を債券金額より低い価額または高い価額で取得した場合において、取得価額と債券金額との差額の性格が<u>金利の調整</u>と認められるときは、**償却原価法によって評価**します。償却原価法は、当該差額を利息期間（債券の受渡日から償還日までの期間）に応じて一定の方法で期間配分する方法をいいます。

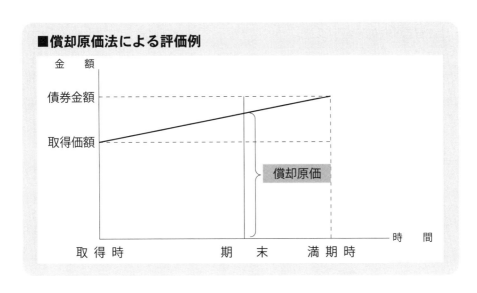

■償却原価法による評価例

その他有価証券の評価方法

①原則

　その他有価証券は、市場価格のない株式等を除き、時価をもって貸借対照表価額とします。そして、帳簿価額と時価との差額（評価差額）については、次のいずれかの方法によって処理します。

　(a)全部純資産直入法

　　評価差益と評価差損の合計額を純資産の部に計上する方法

　(b)部分純資産直入法

　　評価差益は純資産の部に計上し、評価差損は当期の損失として処理する方法

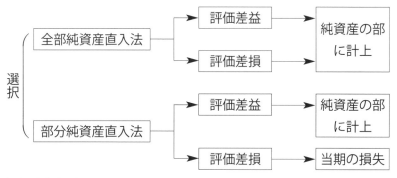

　（注）純資産の部に計上される評価差額については、税効果会計の対象となる。

②市場価格のない株式等

　取得原価をもって貸借対照表価額とします。

有価証券の減損（売買目的有価証券以外）

区　分	状　態	貸借対照表価額	評価差額
市場価格のない株式等以外	時価が著しく下落（回復見込みなし）	時　価	当期の損失
市場価格のない株式等	発行会社の財政状態の悪化により実質価額が著しく低下	実質価額（相当の減額）	当期の損失

9

棚卸資産の評価

重要度　　　[★★☆]

進度チェック ☑ ☑ ☑

出題【23年6月・問6、7】

棚卸資産の範囲

棚卸資産とは、次のような財貨・用役をいいます。

内　　容	例
①通常の営業過程において販売するために保有する財貨または用役	商品、製品
②販売を目的として現に製造中の財貨または用役	仕掛品、半製品、未成工事支出金
③販売目的の財貨または用役を生産するために短期間に消費されるべき財貨	原材料
④販売活動及び一般管理活動において短期間に消費されるべき財貨	貯蔵品、消耗品

棚卸資産の在庫数量

棚卸資産の貸借対照表計上額は、「数量」と「単価」の積によって算定されます。

棚卸資産の貸借対照表計上額＝棚卸数量×単価

このうち「数量」の計算方法には、**継続記録法**（継続的な帳簿記録によって期末の棚卸数量をつかむ方法）と**実地棚卸法**（期末に現品の実地棚卸を行って実際数量をつかむ方法）とがあります。

取得原価

正味売却価額

商品評価損

棚卸減耗損

実地棚卸数量　　　帳簿棚卸数量

棚卸資産の評価方法

棚卸資産の「単価」は、一定の**評価方法**によって計算された単価に**評価基準**を適用して算定されます。

棚卸資産の単価を算定するための評価方法には、主に次の方法があります。

評価方法	内　　容
個 別 法	棚卸資産の取得原価を異にするに従い区別して記録し、その個々の実際原価によって期末棚卸品の価額を算定する方法
先入先出法	先に仕入れた商品から先に払出しが行われ、期末棚卸品は最も新しく取得されたものからなるものとみなして期末棚卸品の価額を算定する方法
総平均法	前期繰越高と当期仕入高の合計額を、前期繰越数量と仕入数量の合計で除して平均単価を算定する方法
移動平均法	仕入のつど、その数量及び金額を直前の残高数量及び残高金額に加えて平均単価を算定する方法
売価還元法	期末の棚卸資産を売価で評価し、これに原価率^(注)を乗じて算定する方法 〈算式〉　期末商品棚卸高（原価）＝期末商品棚卸高（売価） ×原価率

※「棚卸資産の評価に関する会計基準」の改正により、<u>後入先出法は廃止</u>されている。

（注）売価還元法の原価率＝$\dfrac{\text{期首商品棚卸高（原価）＋当期仕入高}}{\text{売上高＋期末商品棚卸高（売価）}}$

棚卸資産の評価基準

従来は**原価法**（取得原価で評価する方法）を原則として、**低価法**（時価が取得原価よりも低下した場合には時価をもって評価する方法）も例外的に認められていましたが、新しい会計基準の制定により、<u>取得原価をもって貸借対照表価額とし、期末における正味売却価額が取得原価よりも下落している場合には、当該**正味売却価額**によって評価する</u>こととなっています。

有形固定資産の範囲

　有形固定資産とは、土地や建物のように実体のある有形の資産で、長期にわたり営業の用に供しているもので、加工や売却を予定しない財貨をいいます。

　有形固定資産には、次頁のような資産がその範囲に含まれます。

無形固定資産の範囲

　無形固定資産とは、具体的な物理的形態を有しないが、企業に対して長期にわたって一定の経済的優位性を与えることによって、営業活動に貢献する性質の資産をいいます。

　無形固定資産には、①法律・契約によって認められる権利や、②同業他社と比較して超過収益力が認められる場合に計上される「**のれん**」などが含まれます。

有形固定資産・無形固定資産の取得価額

　固定資産の取得価額には、取得対価のほか、引取運賃、据付費など、当該固定資産の取得のために要した付随費用等が含まれます。

　固定資産の取得のための借入金利子は、原則として取得原価には含められません。

資本的支出と収益的支出

　固定資産の改修等に係る支出は、**資本的支出**と**収益的支出**とに分類されます。

■有形固定資産と無形固定資産の範囲（例）

有形固定資産	①建物（付属設備も含む） ②構築物 ③機械装置 ④船舶 ⑤車両運搬具 ⑥工具器具備品 ⑦リース資産 ⑧土地 ⑨建設仮勘定 ^(注)
無形固定資産	①特許権 ②借地権（地上権を含む） ③商標権 ④実用新案権 ⑤意匠権 ⑥著作権 ⑦鉱業権・漁業権 ⑧ソフトウェア ⑨電話加入権 ⑩水道施設利用権 ⑪のれん

（注）**建設仮勘定**とは建設中の固定資産で、営業の用に供するために稼働することのできない状態の資産に係る支出を一時的に計上する仮勘定をいう。完成し営業の用に供するために稼働が開始した段階で、本勘定に振り替えられる。

■資本的支出と収益的支出

分　　類	内　　容	支出の会計処理
資本的支出	①固定資産の価値が増加するもの ②耐用年数が延長するもの	有形固定資産の**取得原価に算入**
収益的支出	上記以外（現状の機能の維持、原状回復などの修繕）	支出した期の**費用（修繕費）**として処理

減価償却計算

重要度　　　　[★★☆]

進度チェック　☑ ☑ ☑

出題【21年6月・問12】

減価償却の意義

　建物などの固定資産は、使用または時の経過により次第に価値が減少していくため、その価値の減少を費用（**減価償却費**）として認識します。

　減価償却とは、固定資産の取得原価を、使用できる期間にわたって、一定の方法によって規則的に配分する手続をいいます。

　なお、<u>有形固定資産の土地及び建設仮勘定、無形固定資産の借地権及び電話加入権は減価償却を行いません。</u>

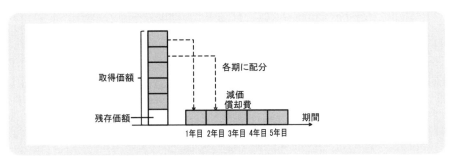

減価償却の方法

種　　類	主な償却方法	備　　考
有形固定資産	定　額　法	次頁参照
	定　率　法	次頁参照
	級　数　法	
	生産高比例法	
無形固定資産	定　額　法	鉱業権は生産高比例法

（注1）減価償却の方法の変更は会計方針の変更となるため、正当な理由がない限り変更することはできない。

（注2）減価償却累計額の表示方法には、「直接法」（取得原価から減価償却累計額を直接控除する方法）と「間接法」（直接控除せず減価償却累計額を使用する方法）がある。

定額法による減価償却

定額法は、固定資産の耐用年数の期間中、毎期均等額の減価償却費を計上する方法をいいます。

$$減価償却費 ＝（取得価額－残存価額）÷ 耐 用 年 数 × \frac{使用月数}{12}$$

$$＝（取得価額－残存価額）×（定額法の）償却率×\frac{使用月数}{12}$$

■残存価額

種　　類	取得時期	残存価額
有形固定資産	2007 年 3 月 31 日以前	取得価額の 10%
	2007 年 4 月 1 日以後	0 (注)
無形固定資産	—	0

（注）耐用年数経過時点において残存簿価が 1 円（備忘価額）となるまで償却
（平成19年度税制改正に伴うもの）。

定率法による減価償却

定率法は、固定資産の耐用年数の期間中、毎期、期首の帳簿価額（未償却残高）に一定率を乗じて減価償却費を計上する方法をいいます。

$$減価償却費 ＝期首帳簿価額 ×（定率法の）償却率 × \frac{使用月数}{12}$$

定率法による場合、期首帳簿価額が大きいうちは減価償却費も大きく算定されるため、最初は減価償却費が大きく、年数が経つにつれて小さくなっていきます。

新定率法による減価償却計算

重要度　　　[★★☆]

進度チェック ☑ ☑ ☑

出題【22年3月・問14】

新定率法の対象資産

　平成19年度税制改正に伴い、**平成19（2007）年4月1日以降に取得した資産**について、定率法による減価償却費については新しい償却方法で算出することとなりました。

新定率法による減価償却費の算出方法

①調整前償却額≧償却保証額の場合

減価償却費
　　＝期首帳簿価額（未償却残高）×（定率法の）償却率 × $\dfrac{使用月数}{12}$

○調整前償却額＝期首帳簿価額×償却率（←上記算式による減価償却費）
○償却保証額 ＝取得価額×保証率

②調整前償却額＜償却保証額の場合

　定率法による減価償却費の額は、年数が経つにつれて小さくなっていきます。①の減価償却費（調整前償却額）よりも償却保証額（取得価額×保証率）のほうが大きくなった場合、②の方法で減価償却費を算出します。

減価償却費 ＝ 改定取得価額 × 改定償却率

○改定取得価額
　　＝（調整前償却額＜償却保証額）となった期の期首帳簿価額

③新定率法の償却率

固定資産の取得時期	定率法の償却率
2007 年 4 月 1 日～ 2012 年 3 月 31 日	定額法の償却率× 250%
2012 年 4 月 1 日以降	定額法の償却率× 200%

■新定率法による減価償却計算の例（2012年 4 月 1 日以降取得分）

【前提】
取得価額　1,000,000 円（期首取得）、耐用年数　10 年
定率法の償却率　0.20 (注)、　改定償却率　0.25、保証率　0.06552
（注）定額法の償却率 0.1 × 200%

（単位：円）

	期首簿価	減価償却費	当期末簿価	償却保証額
1 年目	1,000,000	200,000	800,000	65,520
2 年目	800,000	160,000	640,000	65,520
3 年目	640,000	128,000	512,000	65,520
4 年目	512,000	102,400	409,600	65,520
5 年目	409,600	81,920	327,680	65,520
6 年目	327,680	65,536	262,144	65,520
7 年目	262,144	65,536	196,608	65,520
8 年目	196,608	65,536	131,072	65,520
9 年目	131,072	65,536	65,536	65,520
10年目	65,536	65,535	1	65,520

〔1 年目〕　1,000,000×0.2×12/12=200,000円
〔6 年目〕　327,680×0.2×12/12=65,536円　（＞償却保証額65,520円）
〔7 年目〕　262,144×0.2×12/12=52,429円　（＜償却保証額65,520円）
↓
262,144（改定取得価額）×0.25（改定償却率）＝65,536円

投資その他の資産

投資その他の資産の範囲

　投資その他の資産は、固定資産のうち、有形固定資産、無形固定資産のいずれにも分類されない項目をいいます。

破産更生債権等の取扱い

　破産更生債権等とは、経営破綻、または実質的に経営破綻に陥っている債務者に対する債権をいいます。

　売掛金は企業の一連の営業循環過程において生じた債権であるため、原則として営業循環基準を適用して流動資産に計上されます。ただし、売掛金が破産更生債権等となった場合には、営業循環過程を外れたものと考え、ワン・イヤー・ルールを適用して流動資産または固定資産に分類することになります。

　破産更生債権等の貸倒見積高は、原則として**貸倒引当金**として処理します(注)。その貸倒見積高の算定方法は、**財務内容評価法**（債権金額から、担保の処分見込額および保証による回収見込額を減額した残高を貸倒見積高とする方法）によることとされています。

（注）債権金額または取得価額から直接減額することもできる。

経過勘定と長期前払費用

　一定の契約に従い、継続して役務の提供を受ける場合や提供を行う場合において、適正な期間損益計算を行うために一時的に計上される勘定を**経過勘定**といいます。

　経過勘定には、①**前払費用**、②**前受収益**、③**未払費用**、④**未収収益**があります。このうち前払費用のみにワン・イヤー・ルールが適用され、決算日以後1年以内に費用となる前払費用は流動資産に、それ以外は**長期前払費用**として固定資産（投資その他の資産）に分類されます。

■投資その他の資産の範囲（例）

投資その他の資産	①関係会社株式・関係会社出資金 ②関係会社社債 ③投資有価証券・出資金 ④ゴルフ会員権 ⑤差入保証金・敷金 ⑥投資不動産 ◀-- （有形固定資産でないことに ⑦長期貸付金　　　　注意） ⑧長期性預金 ⑨破産更生債権等 ⑩長期前払費用 ⑪前払年金費用 ⑫繰延税金資産

■貸倒見積高の算定における債権の区分（「金融商品に関する会計基準」）

①一般債権
②貸倒懸念債権　　　（破産、手形取引停止処分、深刻な経営難で再建の見
③破産更生債権等◀-- 通しがない等）

■経過勘定

前払費用	一定の契約に従い、継続して役務の提供を受ける場合、未だ提供されていない役務に対し、支払われた対価をいう。
前受収益	一定の契約に従い、継続して役務の提供を行う場合、未だ提供していない役務に対し、支払を受けた対価をいう。
未払費用	一定の契約に従い、継続して役務の提供を受ける場合、すでに提供された役務に対して、未だその対価の支払が終わらないものをいう(注)。
未収収益	一定の契約に従い、継続して役務の提供を行う場合、すでに提供した役務に対して、未だその対価の支払を受けていないものをいう。

（注）主たる営業取引以外の非継続的な（単発の）取引から生じる一時的な債務は「未払金」に計上される。

繰延資産

重要度　　　［★★☆］
進度チェック ☑ ☑ ☑

出題【19年6月・問12】

繰延資産の意義

繰延資産は、次の4つの要件を満たすものをいいます。

> ①すでに対価の支払が完了しまたは支払義務が確定し、
> ②これに対応する役務の提供を受けたにもかかわらず、
> ③その効果が将来にわたって発現するものと期待される費用で、
> ④経過的に貸借対照表に資産として計上されるもの

　支出する費用には、その支出の効果が将来にわたって及ぶことが期待される場合があります。そのような費用については、発生時に全額費用処理するよりも、その効果が及ぶ数期間に合理的に費用配分することが望ましいと考えられるため、経過的に繰延資産として計上することが認められています。

繰延資産の範囲と償却

　繰延資産の要件を満たす費用は、<u>原則として支出時に「費用」処理し、例外として「繰延資産」として計上することも容認されています。</u>したがって、繰延資産への計上は強制ではありません。

　繰延資産に計上した場合、その支出の効果が将来にわたって発現するかどうかも確実なものではありません。そのため、繰延資産として計上できるのは、**①株式交付費、②社債発行費等（新株予約権の発行に係る費用も含む）、③創立費、④開業費、⑤開発費**の<u>5項目に限定</u>されています。

　繰延資産に計上された各項目は、**一定の年数以内に均等額以上を配分（残存価額ゼロ、直接法により償却）**します。なお、この計算は月割計算によって行います。

■繰延資産の種類と償却

項　目	定　義	償却期間
①株式交付費	株式募集のための広告費、金融機関・証券会社の取扱手数料、目論見書・株券等の印刷費、変更登記の登録免許税など、株式の交付等のために直接支出した費用	3年以内
②社債発行費等	社債募集のための広告費、金融機関・証券会社の取扱手数料、目論見書・社債券等の印刷費、社債の登記の登録免許税など、社債発行のために直接支出した費用等	社債の償還までの期間 (注1)
③創立費	定款及び諸規則作成のための費用、株式募集その他のための広告費、創立事務所の賃借料など、会社の負担に帰すべき設立費用	会社の成立の時から5年以内
④開業費	土地・建物等の賃借料、広告宣伝費、通信交通費、事務用消耗品費、支払利子、使用人の給料、保険料、電気・ガス・水道料など、会社成立後営業開始時までに支出した開業準備のための費用	開業の時から5年以内
⑤開発費	新技術または新経営組織の採用、資源の開発、市場の開拓等のために支出した費用、生産能率の向上または生産計画の変更等により、設備の大規模な配置替えを行った場合等の費用 (注2)	5年以内

（注1）利息法、または継続適用を条件に定額法で償却する。
（注2）「研究開発費等に係る会計基準」の対象となる**研究開発費**に該当するものを除く（**研究開発費は発生時に費用として処理**）。

繰延資産の表示

・繰延資産は、貸借対照表・資産の部に「繰延資産」の区分を設けて表示
・償却累計額は、その繰延資産の額から直接控除し、控除残高を各繰延資産の残高として表示
・支出の効果が期待されなくなった繰延資産は、その未償却残高を一時に償却

流動負債・固定負債

負債の意義

　負債は、貸借対照表において、純資産と並んで資金の調達源泉として計上されるもので、流動負債と固定負債に区分されます。

借 入 金

　借入金（手形借入金や当座借越を含む）は**金融負債**に属し、「金融商品に関する会計基準」が適用されます。

　借入金は、企業の主たる営業取引以外の取引により生じた負債であるため、ワン・イヤー・ルールが適用され、流動負債と固定負債に分類されます。また、借入金は債務額をもって貸借対照表価額とします。

> **［金融負債］**
> 　他の企業に金融資産を引き渡す契約上の義務または潜在的に不利な条件で他の企業と金融資産もしくは金融負債（他の企業に金融資産を引き渡す契約上の義務）を交換する契約上の義務をいい、借入金や社債のほか、支払手形、買掛金やデリバティブ取引の正味の債務等があります。

社 　債

　社債勘定は、会社が発行した社債の償還義務を示す負債勘定です。貸借対照表上、ワン・イヤー・ルールが適用され、次の金額をもって計上されます。

① ［原則］…社債発行時に払込を受けた金額

② ［社債の額面金額よりも低い金額で発行（割引発行）、または高い金額で発行（打歩発行）した場合］

　…当該差額を、償還期限に至るまで毎期一定の方法によって払込を受け

■流動負債と固定負債の範囲（例）

流動負債	①支払手形 ②買掛金 ③短期借入金 ④一年以内返済予定長期借入金 ⑤一年以内償還社債 ⑥リース債務 ⑦未払金	⑧未払法人税等 ⑨未払消費税等 ⑩前受金 ⑪預り金 ⑫前受収益 ⑬賞与引当金
固定負債	①社債 ②長期借入金 ③リース債務 ④長期未払金	⑤退職給付引当金 ^(注) ⑥役員退職慰労引当金 ⑦資産除去債務

（注）連結貸借対照表においては「退職給付に係る負債」とされる。

た金額に加減して算定された価額（**償却原価法**（8参照）といい、差額の調整方法には**利息法**と**定額法**があります）。

［償却原価法の計算例（定額法）］

発行価額：額面100円につき96円　　　　社債金額：10,000,000円

発行日：X1年1月1日　　　　　　　　償還日：X5年12月末日

①発行価額　$10,000,000 \times \dfrac{96}{100} = 9,600,000$円

②X1年3月末日の貸借対照表に計上される社債の額

$9,600,000 + (10,000,000 - 9,600,000) \times \dfrac{3\,か月}{60\,か月} = 9,620,000$円

担保に供されている資産に関する注記

個別注記表「貸借対照表等に関する注記」が作成されている会社においては、資産が担保に供されている場合、次の事項を注記します。

①資産が担保に供されている旨

②当該資産の内容および金額

③担保に係る債務の金額

16

引当金

重要度　　　　[★★☆]
進度チェック ☑ ☑ ☑

出題【23年6月・問10】

引当金の要件

　以下の要件を満たす場合、当期の負担に属する金額を、当期の費用または損失として**引当金**に繰入計上します。

> ①将来の特定の費用または損失であること
> ②その発生が当期以前の事象に起因すること
> ③発生の可能性が高いこと
> ④金額を合理的に見積もることができること

引当金の記載方法

①評価性引当金…資産の部に控除項目として記載
②負債性引当金…負債の部に計上

■貸倒引当金（評価性引当金）の記載方法

(a)科目別間接控除法

売　掛　金	800
貸倒引当金	△25
短期貸付金	500
貸倒引当金	△30

(b)一括間接控除法

売　掛　金	800
短期貸付金	500
貸倒引当金	△55

(c)債権から貸倒引当金を直接控除し、貸倒引当金を科目別に注記する方法
(d)債権から貸倒引当金を直接控除し、貸倒引当金を一括して注記する方法

（注1）貸倒引当金繰入の処理方法については23参照。
（注2）破産更生債権等の貸倒見積高については13参照。

■引当金の勘定科目例

項　　目	内　　容	記載方法
貸倒引当金	売掛金や貸付金等の金銭債権に対する将来の取立不能見込み額を見積もったもの	資産の部に計上（評価性引当金）
賞与引当金	従業員等に対して翌期以降に支払われる賞与について、当期に負担すべき部分を見積もったもの	負債の部に計上（負債性引当金）
退職給付引当金	従業員が将来退職するときに支払われる退職給付のうち、当期以前に負担すべき部分を見積もったもの	
ポイント引当金	小売店などが発行しているポイントについて、期末ポイント未使用残高のうち将来のポイント利用見込み額を見積もったもの	
製品保証引当金	過去に販売した製商品に瑕疵が生じた際に、販売後の一定期間、製商品の修理または交換に無償で応じる契約を締結（保証）している場合、当該契約の履行に要する支出として負担すべき額を見積もったもの	
修繕引当金	会社が保有する有形固定資産について将来（1年以内）実施する修繕に備えるために見積もったもの	
特別修繕引当金	一定期間ごとに大規模な修繕が必要となる固定資産について計上する引当金	
債務保証損失引当金	債務保証について、債務者に代わって弁済責任を負わなければならない可能性が高くなったため、これによって生ずる損失額を見積もったもの	

［貸借対照表］
純資産の部(1)

重要度　　　　［★★★］
進度チェック　☑ ☑ ☑

出題【23年3月・問30】

純資産の意義

　純資産は、貸借対照表において、投下された資金の調達源泉を表すものの1つとして計上されるもので、資産と負債の差額で求められます。

　純資産は、①**株主資本**、②**評価・換算差額等**(注1)、③**株式引受権**、④**新株予約権**、⑤**非支配株主持分**(注2) などに区分されて記載されます。

　このうち株主資本は、①**資本金**、②**新株式申込証拠金**、③**資本剰余金**、④**利益剰余金**、⑤**自己株式**、⑥**自己株式申込証拠金**に区分されます。

(注1) 連結貸借対照表においては「その他の包括利益累計額」となる場合がある。
(注2) 連結貸借対照表の場合のみ（[39]参照）。

資本金と資本剰余金

　株主から株式の対価として払い込まれた額は、原則、資本金として計上されます。ただし、払込金額の2分の1を超えない額は資本金として計上しないことができるものとされています。株主からの払込額のうち資本金として計上されなかった額を株式払込剰余金といい、資本準備金として計上されます。

　資本剰余金は、資本取引によって生じた剰余金をいい、**資本準備金**と**その他資本剰余金**とに区分されます。

　資本剰余金には、株式払込剰余金のほか、**合併差益**、**資本金減少差益**、**資本準備金減少差益**、**自己株式処分差益**が含まれます。

■資本金と資本剰余金

資本金	株主から株式の対価として払い込まれた額
新株式申込証拠金	新株式の発行の際に申込者から払い込まれた額を一時的に処理する勘定
資本剰余金	
資本準備金	株主からの払込資本のうち、資本金に組み入れなかった部分等
その他資本剰余金	
資本金減少差益	会社が資本金の額を減少した場合、その資本金の減少額を原則として計上する科目（欠損填補にあてられた部分を除く）
資本準備金減少差益	会社が資本準備金の額を減少した場合、その資本準備金の減少額を原則として計上する科目（欠損填補にあてられた部分を除く）
自己株式処分差益	会社が保有する自己株式を処分（売却）した売却益を計上する科目(注)

（注）自己株式の処分は、新株発行と同様の経済的実体をもつため、その他資本剰余金として処理される。なお、自己株式処分差損が発生する場合、原則としてその他資本剰余金から減額し、減額しきれない場合は、その他利益剰余金から減額する（18参照）。

純資産の部(2)

重要度	[★★★]
進度チェック	☑ ☑ ☑

出題【22年 6 月・問19】

利益剰余金

　剰余金は、資本剰余金と利益剰余金に区分されます。資本剰余金が資本取引によって生じた剰余金であるのに対し、利益剰余金は、<u>損益取引によって生じた利益を源泉とする留保部分からなる剰余金</u>をいいます。

　利益剰余金は、**利益準備金**と**その他利益剰余金**に区分されます。その他利益剰余金は、**任意積立金**と**繰越利益剰余金**に区分されます。

利益剰余金	
利益準備金	剰余金の配当をした場合に、会社法の規定により計上しなければならないとされている額
その他利益剰余金	
任意積立金	株主総会または取締役会の決議により、会社の任意で設定される項目（別途積立金、配当平均積立金、修繕積立金、圧縮積立金、特別償却準備金など）
繰越利益剰余金	上記以外の利益剰余金

自己株式

定　　義	株式会社が発行した株式のうち、会社自身で保有している株式
取得のための支出	**資本の払戻し**として取り扱う。
表示方法	取得原価をもって**純資産の部**の株主資本の末尾に一括して**控除**する形式で記載

（注）自己株式の処分によって生じた差額は、資本剰余金（その他資本剰余金）のプラスまたはマイナス（差損の場合）として処理する（17参照）。

■純資産の部の表示例（アミカケは連結貸借対照表の場合）

（純資産の部）	
Ⅰ 株主資本	×××
資本金	×××
資本剰余金	×××
資本準備金	×××
その他資本剰余金	×××
利益剰余金	×××
利益準備金	×××
その他利益剰余金	×××
○○積立金	×××
繰越利益剰余金	×××
自己株式	△×××
Ⅱ 評価・換算差額等 (その他の包括利益累計額)	×××
その他有価証券評価差額金	×××
繰延ヘッジ損益	×××
土地再評価差額金	×××
為替換算調整勘定	×××
退職給付に係る調整累計額	×××
Ⅲ 株式引受権	×××
Ⅳ 新株予約権	×××
Ⅴ 非支配株主持分	×××
純資産合計	×××

［包括利益］

　ある企業の特定期間の財務諸表において認識された純資産の変動額のうち、当該企業の純資産に対する持分所有者との直接的な取引(注1)によらない部分をいい、当期純利益に、その他の包括利益(注2)の内訳項目を加減して包括利益を表示します。

(注1) 増資、株主への配当など　　　(注2) その他有価証券評価差額金など

　包括利益を示す計算書には、次の2つの方式があります。

① 　2計算書方式：当期純利益を表示する「損益計算書」と、包括利益を表示する「包括利益計算書」からなる形式

② 　1計算書方式：当期純利益の表示と、包括利益の表示を1つの計算書（「損益及び包括利益計算書」）で行う形式

損益計算書の仕組み

19

損益計算書の意義

　損益計算書は、<u>一会計期間</u>における企業の<u>経営成績</u>を明らかにするために作成されるもので、一会計期間に属する**収益**とこれに対応する**費用**が記載されます。

損益計算書における段階利益の表示

　損益計算書では、一会計期間の経営成績を収益と費用の差額である**当期純利益**として表します。そして、当期純利益の発生過程を明らかにするため、<u>収益と費用をそれぞれ発生原因別に区分し、段階利益を計算して表示してい</u>ます。

利益の名称	計 算 式
売上総利益	売上高－売上原価
営業利益	売上総利益－販売費及び一般管理費
経常利益	営業利益＋営業外収益－営業外費用
税引前当期純利益	経常利益＋特別利益－特別損失
当期純利益	税引前当期純利益－法人税等±法人税等調整額

■損益計算書の様式例

損益計算書
（自令和×0年4月1日　至令和×1年3月31日）

科　　目	金	額
売上高		×××
売上原価		×××
売上総利益		×××
販売費及び一般管理費		×××
営業利益		×××
営業外収益		
受取利息及び配当金	×××	
その他	×××	×××
営業外費用		
支払利息	×××	
その他	×××	×××
経常利益		×××
特別利益		
固定資産売却益	×××	
その他	×××	×××
特別損失		
固定資産売却損	×××	
減損損失	×××	
その他	×××	×××
税引前当期純利益		×××
法人税、住民税及び事業税	×××	
法人税等調整額	×××	×××
当期純利益		×××

（注）上記のほか、個別注記表における「損益計算書に関する注記」として、関係会社との営業取引による取引高の総額及び営業取引以外の取引による取引高の総額が注記される。

売上高

収益認識に関する会計基準

　売上高の計上等の収益に関する包括的な会計基準としては、「**収益認識に関する会計基準**」が定められています。この会計基準は、①収益に関する会計処理等については「企業会計原則」に優先して適用される会計基準として位置付けられ、②「**履行義務**」という概念をベースとして収益の計上時期や計上額等の会計処理が行われることとされています。

　具体的には、企業が、契約において約束した財またはサービスを顧客に移転することにより、<u>履行義務を充足したとき、または充足するにつれて、収益を認識する</u>ものとしており、次の5つのステップによって収益を認識します。

> 【例】・商品の販売と2年間の保守サービスを提供する契約を締結
> 　　　・商品の引き渡し：当期首　保守サービス：当期首〜翌期末
> 　　　・契約書上の対価の額：12,000

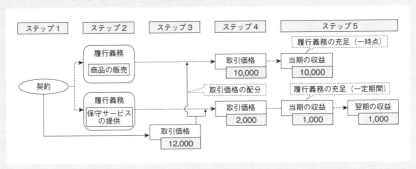

■5つのステップによる収益認識のフロー

収益認識基準の代替的取扱い

履行義務を充足した時（一時点）または充足するにつれて（一定期間）収益を認識することが原則ですが、一定の場合には重要性に基づく代替的な取扱いが認められています。

①出荷基準

商品・製品の国内の販売において、出荷時から当該商品等の支配が顧客に移転される時（例：顧客による検収時）までの期間が通常の期間である場合には、出荷時から当該商品等の支配が顧客に移転される時までの間の一時点（例：出荷時や着荷時）に収益を認識することができます。

「通常の期間である場合」とは、当該期間が国内における出荷及び配送に要する日数に照らして取引慣行ごとに合理的と考えられる日数である場合をいいます。

②割賦販売

割賦販売について、商品・製品の支配が顧客に移転した時（商品・製品の引渡しの時）に収益を認識するため、回収基準や回収期日到来基準によって収益を認識する（割賦金の回収期限の到来日または入金日に収益を認識する）ことはできません。

③契約の初期段階における原価回収基準

一定の期間にわたり充足される履行義務について、進捗度を合理的に見積ることができなくても発生費用の回収が見込まれる場合には、「原価回収基準」(注) により、収益を認識します。

ただし、代替的な取扱いとして、契約の初期段階において、履行義務の充足に係る進捗度を合理的に見積ることができない場合には、当該契約の初期段階に収益を認識せず、当該進捗度を合理的に見積ることができる時から収益を認識することもできます。

（注）履行義務を充足する際に発生する費用のうち、回収することが見込まれる費用の金額で収益を認識する方法

④期間がごく短い工事契約及び受注制作のソフトウェア

工事契約や受注制作のソフトウェアについて、契約における取引開始日から完全に履行義務を充足すると見込まれる時点までの期間がごく短い場合には、一定の期間にわたり収益を認識せず、完全に履行義務を充足した時点で収益を認識することができます。

41

21 売上原価

重要度　　　[★★☆]
進度チェック　☑☑☑
出題【22年3月・問7】

売上原価の意義

　売上原価は、売り上げた商品の仕入原価や製品の製造原価をいいます。売上高から売上原価を控除したものを、**売上総利益**とよびます。

売上原価の算定式

　販売業の場合、売上原価は、次のように算定されます。

> **売上原価＝期首商品棚卸高＋当期商品仕入高[注] −期末商品棚卸高**

<u>損益計算書</u>

売上高	2,500
売上原価	1,800 ←
売上総利益	700
販売費及び一般管理費	450
・・・	

売上原価

期首商品棚卸高	200	
当期商品仕入高	1,900	
合　　計	2,100	
期末商品棚卸高	300	1,800 ──

（注）「仕入割引」の取扱いについては 24 参照。

■売上原価の算定イメージ

[説　　明]

前期から繰り越された商品（期首商品棚卸高）に当期に仕入れた商品（当期商品仕入高）を合わせたものが、当期中に販売対象となった商品の総合計です。そのうち、期末時点で未販売の商品（期末商品棚卸高^(注)）を除いたものが、当期に販売された商品に係る仕入原価（売上原価）として算定されます。

（注）原則として「棚卸数量×単価」により算出される（ ⑨ 参照）。

■通常の販売目的で保有する棚卸資産評価損の計上区分（ ⑨ 参照）

		内　　容	評価損の計上区分
原　　則		下記以外	売上原価
		棚卸資産の製造に関連し不可避的に発生するもの	製造原価
例　　外		収益性の低下が臨時の事象^(注1)に起因し、かつ、多額であるとき	特別損失

（注1）重要な事業部門の廃止、災害損失の発生など。

（注2）評価損には、市場の需給変化等に基づく正味売却価額の下落による収益性の低下によるもののほか、品質低下評価損や陳腐化評価損を含む。

22

製造原価

売上原価の算定

　製造業において売上高に対応する売上原価は、工場において対象製品の製造に要した費用として、**製造原価**とよばれます。

　製造業の場合、売上原価は次のように算定され、その算出過程は損益計算書において示されます。このうち「**当期製品製造原価**」は販売業における当期商品仕入高に該当し、当期に工場で完成した製品の製造原価を表します。

> 製造原価
> （売上原価）＝期首製品棚卸高＋当期製品製造原価－期末製品棚卸高

当期製品製造原価の算定

　当期製品製造原価は次のように算定され、その算定過程は、「**製造原価報告書**」において示されます。

> 当期製品製造原価＝期首仕掛品棚卸高＋当期総製造費用－期末仕掛品棚卸高

> 当期総製造費用＝材料費＋労務費＋製造経費

> 材料費＝期首材料棚卸高＋当期材料仕入高－期末材料棚卸高

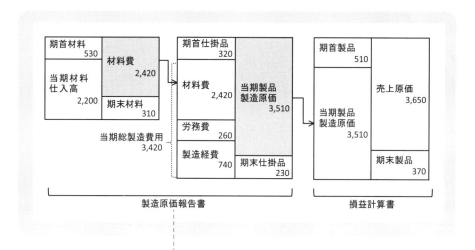

■製造原価報告書 ◄---

Ⅰ	材料費		
	期首材料棚卸高	530	
	当期材料仕入高	2,200	
	合　計	2,730	
	期末材料棚卸高	310	2,420
Ⅱ	労務費		
	給料手当	×××	
	・・・	×××	260
Ⅲ	製造経費		
	外注加工費	×××	
	減価償却費 (注)	×××	
	・・・	×××	740
	当期総製造費用		3,420
	期首仕掛品棚卸高		320
	合　計		3,740
	期末仕掛品棚卸高		230
	当期製品製造原価		3,510

（注）製造活動に係る資産の減価償却費

販売費及び一般管理費

重要度	[★★☆]
進度チェック	☑ ☑ ☑

出題【23年6月・問21】

販売費及び一般管理費の意義

　企業の販売活動において発生した費用を販売費、製造活動以外の一般管理活動において発生した費用を一般管理費といい、これを総称して販売費及び一般管理費といいます。

　販売費及び一般管理費に属する費用としては、販売手数料、荷造運搬費、広告宣伝費、販売管理部門に属する従業員や役員に対する給料・賞与、法定福利費、福利厚生費、交際費、消耗品費、減価償却費などがあります。

　なお、売上総利益から販売費及び一般管理費を控除したものが**営業利益**となります。

貸倒引当金繰入の処理

　債権について予想される回収不能に備えるため貸倒引当金を設定する場合、対応する費用として貸倒引当金繰入（または貸倒引当金繰入額）を計上します。貸倒引当金繰入は通常、販売費及び一般管理費に計上されますが、前期から繰り越された貸倒引当金がある場合、その処理は**差額補充法**といわれる方法で行います（他に洗替法とよばれる方法もあります）。

　①差額補充法…当期の見積高と、前期末に計上された貸倒引当金の当期末残高との差額を費用計上する方法

　②洗替法…前期に計上した残高をいったん取り崩して戻入益（利益）計上し、当期の見積額を新たに費用計上する方法

■販売費及び一般管理費の科目例

販売費	・販売手数料 ・荷造運搬費 ・広告宣伝費 ・見本費 ・販売部門の人件費 ・販売に関連する交際費
一般管理費	・一般管理部門の人件費（役員報酬を含む）、旅費交通費 ・上記以外の交際費 ・水道光熱費 ・消耗品費 ・租税公課 ・減価償却費、のれん償却費 ・貸倒引当金繰入額 ・修繕費 ・賃借料、地代家賃 ・保険料

（注）「手形売却損」は営業外費用に計上される（24参照）。

■貸倒引当金の繰入計上

［前提］（当期中の貸倒れの発生はない）

	前　期	当　期	
債権残高	1,000	1,200	債権残高に対して2％の貸倒引当金を設定
貸倒引当金	20	24	

差額補充法		(参考) 洗替法	
（借　方）	（貸　方）	（借　方）	（貸　方）
貸倒引当金繰入　4	貸倒引当金　4	貸倒引当金繰入　24 貸倒引当金　　　20	貸倒引当金　　24 貸倒引当金戻入　20

営業外収益・営業外費用

　営業外損益とは、企業本来の営業活動以外の原因によって発生する経常的な収益および費用をいいます。

　営業外収益には、受取利息、有価証券利息、受取配当金、仕入割引などの金融収益や投資不動産賃貸料などが含まれます。

　営業外費用には、支払利息、社債利息、手形売却損、売上割引などの金融費用や社債発行費・創立費・開業費の償却費、有価証券評価損などがあります。

　なお、営業利益に営業外収益及び営業外費用を加減算したものを**経常利益**といい、**企業の正常な収益力**を示す指標とされます。

仕入割引と売上割引

　仕入割引とは、仕入先に対して、仕入代金を通常の支払条件より早く支払った場合に、仕入代金の一部を割り引くものをいいます。仕入割引は、<u>本来の支払期限と支払時との期間に係る金利負担額としての性質</u>をもっているため、受取利息と同様に<u>営業外収益</u>に計上されます。

　売上割引とは、得意先から、売上代金を通常の支払条件より早く受け取った場合に、売上代金の一部を割り引くものをいいます。売上割引は、仕入割引と同様、<u>売上代金を早期に回収することによる、その期間の金利負担分としての性質</u>をもっているため、支払利息と同様に、<u>営業外費用</u>に計上されます。

■営業外損益の科目例

営業外収益	・受取利息 ・有価証券利息 ・有価証券売却益 ・受取配当金 ←┈（支払配当金は株主資本等 ・仕入割引　　　　変動計算書に記載される。） ・為替差益 ・投資不動産賃貸料 ・雑収入
営業外費用	・支払利息 ・社債利息 ・手形売却損 (注) ・売上割引 ・為替差損 ・社債発行費・創立費・開業費等の償却費 ・有価証券売却損・評価損 ・雑損失

（注）手形売却損…手形割引を実施した場合の手形額面金額と手取額との差額（割引料）

■仕入割引と売上割引の類似科目

項　　目	内　　容	勘定科目
売上値引	販売した商品にかかる売上代金の減額	売上高から控除
売上戻り	販売した商品が返品されること	
売上割戻	一定期間に多額または多量の取引をした取引先に対し、売上代金の一部を減額すること	
売上割引	前頁を参照	営業外費用
仕入値引	仕入れた商品にかかる仕入代金の減額	仕入高から控除
仕入戻し	仕入れた商品を返品すること	
仕入割戻	一定期間に多額または多量の取引をした仕入先より、仕入代金の一部が減額されること	
仕入割引	前頁を参照	営業外収益

25

特別損益

特別利益・特別損失

　特別損益（特別利益と特別損失）とは、臨時的に発生する損益項目及び前期損益修正項目をいいます。

　臨時的に発生する損益としては、固定資産売却損益、転売以外の目的で取得した有価証券の売却損益、減損損失などがあります。前期損益修正項目は過年度の損益計算で収益・費用として計上された金額を修正するもので、過年度における減価償却過不足修正額などがあります。

　なお、経常利益に特別損益を加減算したものは、**税引前当期純利益**となります。

保険差益

　保険をかけていた固定資産が災害等で滅失したものの、保険によって損失を補てんしたとき、支払を受けた保険金が、滅失前の固定資産の帳簿価額を上回るときにその差額を処理する勘定科目を保険差益といいます。

　固定資産が焼失して保険金が支払われた場合、次のように処理します。

①固定資産が焼失した時

　…固定資産の取得原価から減価償却累計額を控除した額（未償却残高）を、

　「火災未決算」勘定として一時的に処理

②支払われる保険金の確定時

　　(a)保険金の支払額 ＞ 火災未決算の額 … 差額を**保険差益**

　　(b)保険金の支払額 ＜ 火災未決算の額 … 差額を**火災損失**

■特別損益の科目例

臨時的に発生する損益項目	・固定資産売却損益 ・転売以外の目的で取得した有価証券の売却損益 ・災害による損失 ・保険差益 ・減損損失 ・固定資産除却損 (注1) ・負ののれん発生益 39 参照
前期損益修正項目 (注2)	・過年度における引当金の過不足修正額 ・過年度における減価償却の過不足修正額 ・過年度における棚卸資産評価の訂正額 ・過年度償却済債権の取立額

（注1）固定資産除却損＝除却時までの帳簿価額－廃材・スクラップ（貯蔵品）としての評価額＋除却費用
（注2）「会計上の変更及び誤謬の訂正に関する会計基準」適用後は、過去の財務諸表における誤謬は、原則として過去の財務諸表を修正再表示する。

■保険差益の処理

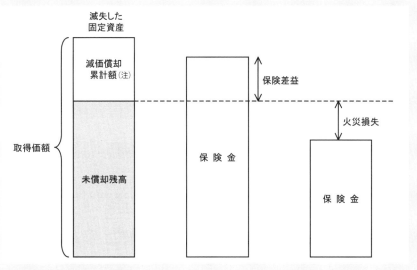

（注）当期分の減価償却費を含む。

26

[損益計算書]
税金費用と税金支払額

税金費用の内容

　当期純利益は、税引前当期純利益から税金費用を差し引いて求められます。

　税金費用は、法人税等に、税効果会計を適用して計上された法人税等調整額を加減算して求めたものをいいます。

　なお、法人税等は当期のもうけ（課税所得）に対して課せられる**法人税**、**住民税**、**事業税**からなっており、固定資産税、印紙税、事業所税などの租税公課は含まれません。

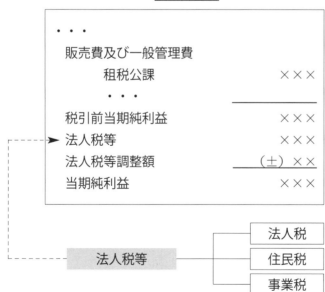

損益計算書

```
・・・
　販売費及び一般管理費
　　　租税公課              ×××
　　　・・・          _____
　税引前当期純利益          ×××
► 法人税等                 ×××
　法人税等調整額        (±)  ××
　当期純利益               ×××
```

```
                    ┌─ 法人税
      法人税等 ──────┼─ 住民税
                    └─ 事業税
```

税金支払額

法人税等について、当期中に行われる処理としては次のものがあります。

項　目	処理方法
①前期末に計上した未払法人税等の納付	未払法人税等（負債）を取り崩して納付
②当期法人税等の中間納付	法人税等（費用）を計上して納付
③当期末の未払法人税等の計上	当期のもうけに対する法人税等のうち②との差額部分について、法人税等（費用）及び未払法人税等（負債）を計上

したがって、当期に支払った法人税等の額は次のように算出します。

法人税等の支払額＝（B/S）前期末の未払法人税等＋当期法人税等の中間納付額
　　　　　　　　＝（B/S）前期末の未払法人税等
　　　　　　　　　＋（（P/L）法人税等計上額－（B/S）当期末の未払法人税等）

[設　例]
①前期末に計上した未払法人税等の納付　200
②当期法人税等の中間納付　　　　　　　150 ⎫ 計400
③当期末の未払法人税等の計上　　　　　250 ⎭ （（P/L）法人税等の計上額）

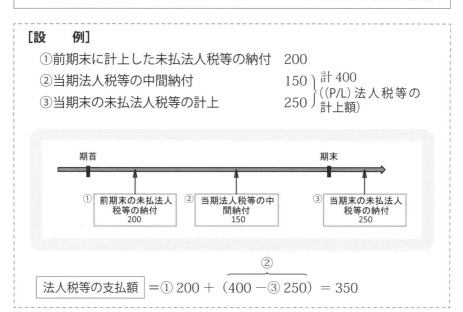

法人税等の支払額 ＝① 200 ＋（400 －③ 250）＝ 350

27 株主資本等変動計算書

重要度　　　　[★★☆]
進度チェック　☑ ☑ ☑

出題【23年3月・問19】

株主資本等変動計算書の仕組み

　株主資本等変動計算書は、一会計期間における貸借対照表の純資産の部の変動額のうち、主として、株主資本の各項目の変動事由を報告するために作成されるものをいいます。

　株主資本等変動計算書において変動事由を表す項目は、貸借対照表の純資産の部の表示区分に従い、①**株主資本**、②**評価・換算差額等**、③**株式引受権**、④**新株予約権**に区分されます。

　株主資本等変動計算書では、これらの項目を、**当期首残高**、**当期変動額**、**当期末残高**に区分して記載します。したがって、<u>当期末残高に記載された金額は、当期の貸借対照表の純資産の部の各項目の金額と一致</u>します。

　当期変動額に記載される変動事由としては、新株の発行、剰余金の配当、当期純利益、自己株式の取得・処分等があげられます。

	株主資本	評価・換算差額等	株式引受権	新株予約権	合　計
当期首残高					
当期変動額					
・・・					
当期純利益	×××　←**当期の損益計算書と一致**				
・・・					
当期末残高	×××	×××	×××	×××	×××

└**当期の貸借対照表の純資産の部と一致**

54

■株主資本等変動計算書の記載例

| | 株主資本 | | | | | | | | | |
| | | 資本剰余金 | | | 利益剰余金 | | | | 自己株式 | 株主資本合計 |
	資本金	資本準備金	その他資本剰余金	資本剰余金合計	利益準備金	その他利益剰余金 ○○積立金	その他利益剰余金 繰越利益剰余金	利益剰余金合計		
当期首残高	1,000	100	20	120	70	30	800	900	△20	2,000
事業年度中の変動額										
新株の発行	50	50		50						100
剰余金の配当					20		△220	△200		△200
当期純利益							400	400		400
自己株式の取得									△10	△10
株主資本以外の項目の事業年度中の変動額（純額）										
事業年度中の変動額合計	50	50	-	50	20	-	180	200	△10	290
当期末残高	1,050	150	20	170	90	30	980	1,100	△30	2,290

| | 評価・換算差額等 | | | | 株式引受権 | 新株予約権 | 純資産合計 |
	その他有価証券評価差額金	繰延ヘッジ損益	土地再評価差額金	評価・換算差額等合計			
当期首残高	100	-	-	100	-	-	2,100
事業年度中の変動額							
新株の発行							100
剰余金の配当							△200
当期純利益							400
自己株式の取得							△10
株主資本以外の項目の事業年度中の変動額（純額）	10			10	-	-	10
事業年度中の変動額合計	10	-	-	10	-	-	300
当期末残高	110	-	-	110	-	-	2,400

28

剰余金の分配

剰余金の分配と分配可能額

　株式会社は、その株主に対し、剰余金の配当などの剰余金の分配をすることができます。ただし、債権者保護の観点から、剰余金の配当は**分配可能額**の範囲内で行わなければならないとされています。

> 分配可能額＝①最終事業年度末日の剰余金の額に、②期末から配当
> 　　　　　　効力発生日までの剰余金の変動、一定の調整を加味し
> 　　　　　　て算定

①剰余金の額　＝　その他資本剰余金　＋　その他利益剰余金

②剰余金の変動、一定の調整の例
・臨時決算による損益を加減算
・最終事業年度末日後に実施した剰余金の配当額を減額
・効力発生日における自己株式の帳簿価額を減額
・その他有価証券評価差額金の額（マイナス部分）を減額

準備金の計上

　剰余金の配当を行う場合、株式会社は、<u>配当額の10分の1</u>に相当する額を、<u>資本準備金または利益準備金</u>として計上しなければならないとされています。ただし、<u>準備金の計上が強制される額には上限が定められており</u>、準備金の額（資本準備金と利益準備金の合計額）で、資本金の4分の1までとされています。

配当額× 1/10 ×資本剰余金配当割合　→資本準備金に計上

配当額× 1/10 ×利益剰余金配当割合　→利益準備金に計上

［上限］準備金で資本金の4分の1に達するまで

（注）資本剰余金配当割合
　　　＝配当額のうち、その他資本剰余金からの配当額の割合
　　　利益剰余金配当割合
　　　＝配当額のうち、その他利益剰余金からの配当額の割合

配当金の支払にかかる処理

　配当金の支払にかかる処理は、以下のとおりです。なお、支払配当金は損益計算書には記載されないので、注意が必要です。
　①株主総会における配当決議時…利益剰余金から未払配当金に振替え
　②配当金の支払時…未払配当金を減額

個別注記表の仕組み

29

個別注記表の概要

　個別注記表は、会社法によって作成が求められている計算書類の1つで、貸借対照表、損益計算書、株主資本等変動計算書等に対する注記事項をまとめて記載するものです。

継続企業の前提に関する注記

　会社の事業年度の末日において、財務指標の悪化の傾向、重要な債務の不履行等財政破綻の可能性その他会社が将来にわたって事業を継続するとの前提に重要な疑義を抱かせる事象または状況が存在する場合において、記載が求められる注記です。

株主資本等変動計算書に関する注記

　すべての株式会社において記載が求められている注記で、次の事項が記載項目とされています。

　①事業年度の末日における発行済株式の数等

　②事業年度の末日における自己株式の数等

　③事業年度中に行った剰余金の配当、及び事業年度の末日後に行う剰余金の配当のうち、株主の権利行使に係る基準日が当該事業年度中のものに関する事項

　④事業年度の末日における会社が発行している新株予約権等

重要な後発事象に関する注記

　事業年度の末日以降において発生した事象で、翌期以降の財産または損益に重要な影響を及ぼす事象がある場合に、これを記載するものです。

■個別注記表の記載項目

①継続企業の前提に関する注記
②重要な会計方針に係る事項に関する注記
③会計方針の変更に関する注記
④表示方法の変更に関する注記
⑤会計上の見積りの変更に関する注記
⑥誤謬の訂正に関する注記
⑦貸借対照表等に関する注記（ 3 、 6 参照）
⑧損益計算書に関する注記（ 19 参照）
⑨株主資本等変動計算書に関する注記
⑩税効果会計に関する注記
⑪リースにより使用する固定資産に関する注記
⑫金融商品に関する注記
⑬賃貸等不動産に関する注記
⑭持分法損益等に関する注記
⑮関連当事者との取引に関する注記
⑯１株当たり情報に関する注記
⑰重要な後発事象に関する注記
⑱連結配当規制適用会社に関する注記
⑲その他の注記

［注記すべき事項］

会計監査人設置会社		①～⑲すべて (注2)
会計監査人設置会社以外	公開会社 (注1)	①、⑤、⑭、⑱を除く事項
	それ以外	②～④、⑥、⑨、⑲のみ

（注１）公開会社…発行する株式のうち１株でも譲渡制限を付していない株式を発行する旨の定款の定めがある会社。
（注２）大会社であって有価証券報告書の提出義務のある会社（連結計算書類の作成義務のある会社）以外は、⑭は不要。

■１株当たり当期純利益の注記

$$１株当たり当期純利益＝\frac{当期純利益}{期中平均発行済株式数－期中平均自己株式数}$$

（注）発行済株式がすべて普通株式である場合。

30

[残高試算表]
残高試算表と当期純利益の算出

重要度	[★★☆]
進度チェック	☑ ☑ ☑

出題【23年6月・問23】

仕訳から残高試算表までの流れ

　企業のすべての取引は「**仕訳**」によって記帳されます。仕訳帳において要素別に記載されたそれぞれの勘定科目は、勘定科目ごとにすべての仕訳が「**総勘定元帳**」に転記されます。

　総勘定元帳では各勘定科目の残高を把握することができます。全勘定科目の残高を一覧表として集計・表示したものを「**残高試算表**」といいます。

　（決算整理前）残高試算表に必要な決算整理を行うことによって、貸借対照表及び損益計算書を作成することができます。

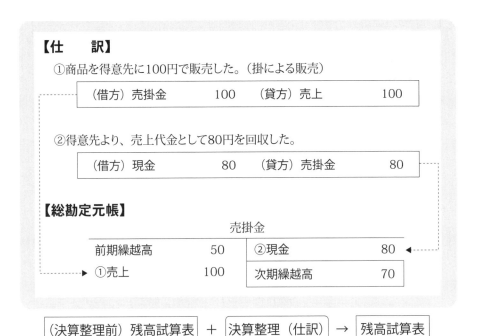

【仕　訳】

①商品を得意先に100円で販売した。（掛による販売）

（借方）売掛金	100	（貸方）売上	100

②得意先より、売上代金として80円を回収した。

（借方）現金	80	（貸方）売掛金	80

【総勘定元帳】

売掛金

前期繰越高	50	②現金	80
①売上	100	次期繰越高	70

（決算整理前）残高試算表 ＋ 決算整理（仕訳） → 残高試算表

〔決算整理〕

　日々の事業活動を仕訳として記帳することで、「（決算整理前）残高試算表」が作成されていきます。しかし、その試算表によって作成される貸借対照表や損益計算書は、必ずしもその会社の財政状態や経営成績を適切に表しているとはいえません。

　そこで、決算にあたって一連の修正仕訳を行う必要があり、この手続を「決算整理」といいます。

　決算整理には、①売上原価の計算（棚卸資産の算定）、②減価償却費の計上、③引当金の計上、④費用・収益の期間帰属の修正、⑤未払法人税等の計上などがあります。

■残高試算表

借　　方	勘定科目	貸　　方
×××	現金預金	
×××	受取手形	
70	売掛金	
×××	商　品	
	・・・	
	買掛金	×××
	・・・	
	売上高	100
×××	仕入高	
	・・・	

■残高試算表から貸借対照表、損益計算書へ

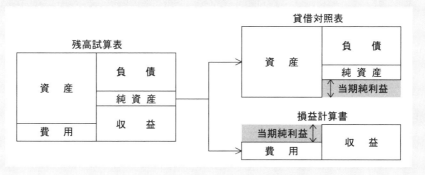

31

減損会計(1)

減損会計の意義

固定資産の減損会計は、固定資産の**収益性が低下して、投資額の回収が見込めなくなった場合**に、一定の条件の下で、回収可能性を反映させるように帳簿価額を減額する会計処理のことをいいます。

■減損会計と時価会計の違い

	減損会計	時価会計
対象	固定資産	主に金融資産
減損の実施	資産の収益性が低下して投資額の回収が見込めなくなったとき	毎期
評価益	計上しない	計上する

減損会計の対象資産

減損会計は、原則として有形固定資産、無形固定資産、投資その他の資産を対象とします。ただし、他の基準等により減損処理に関する定めがある資産(注)については、対象資産から除かれます。

（注）金融商品会計基準が適用される投資有価証券等、税効果会計が適用される繰延税金資産、退職給付に係る資産（前払年金費用など）

固定資産のグルーピング

減損会計は、一定の手順にもとづいて適用されます（次頁フロー図参照）。

減損会計の適用は資産グループ単位で行われます。**グルーピング**は、概ね独立したキャッシュ・フローを生み出す最小の単位で行われます。

■減損会計の適用手順

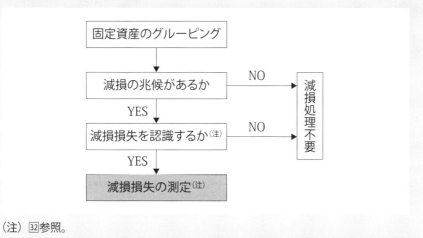

（注）　32参照。

減損の兆候

　それぞれの資産（または資産グループ）に減損の兆候があるかどうかの判定を行います。

減損の兆候がない資産については、減損損失の認識は行われません。

■減損の兆候

①資産が使用されている営業活動から生ずる損益またはキャッシュ・フローが継続してマイナスか、継続してマイナスとなる見込みがある場合
②資産が使用されている方法等について、資産の回収可能価額を著しく低下させる変化が生じたか、生ずる見込みがある場合
③資産が使用されている事業について、経営環境が著しく悪化したか、悪化する見込みがある場合
④資産の市場価格が著しく下落した場合

減損会計(2)

32

減損損失を認識するかどうかの判定

　減損の兆候のある資産（または資産グループ）については、減損損失を認識するかどうかの判定を行います。

　その判定は、資産から得られる**割引前将来キャッシュ・フローの総額**と帳簿価額との比較で行います。

| 帳簿価額 ≦ 割引前将来キャッシュ・フローの総額 | → | 減損不要 |

| 帳簿価額 ＞ 割引前将来キャッシュ・フローの総額 | → | 減損損失認識 |

減損損失の測定

　減損損失を認識するものと判定された資産については、減損損失を算定、計上します。この減損損失は、帳簿価額（取得原価から減価償却累計額を減じた額）と**回収可能価額**との差額で求められます。

　回収可能価額は、売却による回収額としての**正味売却価額**と使用による回収額としての**使用価値**のうち、いずれか高いほうの金額とされます。

減損損失の会計処理

・帳簿価額は回収可能価額まで減額し、帳簿価額と回収可能価額との差額は、減損損失として当期の特別損失に計上します。
・減損処理を行った資産は、原則として、帳簿価額から減損損失を直接控除した金額を貸借対照表に記載します。
・資産の収益性が回復しても、減損損失の戻入れは行いません。
・重要な減損損失を認識した場合、一定の事項を注記表に注記します。

■使用価値のイメージ

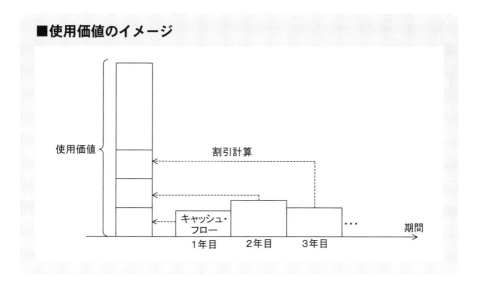

■減損損失の測定

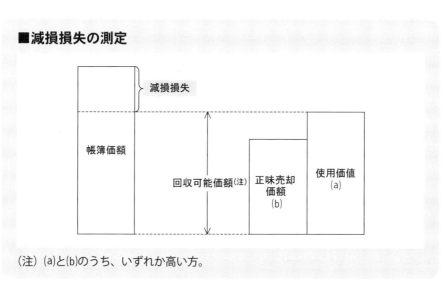

（注）(a)と(b)のうち、いずれか高い方。

33

[新会計基準]

リース会計

重要度　　　[★★★]
進度チェック ☑ ☑ ☑

出題【22年6月・問16】

リース取引

　特定の物件の所有者である貸手が、当該物件の借手に対してリース期間にわたって使用収益する権利を与え、借手はリース料を貸手に支払う取引をいいます。

　リース取引には、**ファイナンス・リース取引**と**オペレーティング・リース取引**とがあります。

　ファイナンス・リース取引は、次の2つの要件を満たす取引をいいます。

> ①リース契約にもとづくリース期間の中途において当該契約を解除することができない（**解約不能**）リース取引、またはこれに準ずるリース取引
> ②借手がリース契約にもとづき使用する物件（リース物件）からもたらされる経済的利益を実質的に享受することができ、かつ当該リース物件の使用に伴って生じるコストを実質的に負担する（**フルペイアウト**）リース取引

　オペレーティング・リース取引は、ファイナンス・リース取引以外の取引をいいます。

リース取引の会計処理

　リース取引の会計処理は、リース取引の種類によって区分されます。

取引の種類	会計処理
①ファイナンス・リース取引	通常の<u>売買取引</u>に係る方法に準じた会計処理
②オペレーティング・リース取引	通常の<u>賃貸借取引</u>に係る方法に準じた会計処理

■リース取引の分類

（注）所有権移転ファイナンス・リース取引…①所有権移転条項付リース、②割安購入選択権付リース、③特別仕様物件リースのいずれかに該当するもの。

■所有権移転外ファイナンス・リース取引の会計処理（通常の売買取引に係る方法に準じた会計処理）

①リース取引開始時

　　リース物件を「**リース資産**」、これに係る債務を「**リース債務**」として計上

　（注）貸手の購入価額が明らかな場合、貸手の購入価額

②リース料支払時

③決算時

　　リース資産について、減価償却を実施（減価償却費を計上）。原則として、リース期間を耐用年数とし、残存価額をゼロとして算定

退職給付会計と退職給付引当金

　退職給付会計は、退職金の支給方法や退職給付の積立方法の違いに関係なく、企業が将来負担すべき退職給付額のうち、期末までに発生している部分を負債である**退職給付引当金**として計上する会計処理をいいます。

　退職給付引当金は、原則として**退職給付債務**から**年金資産**を差し引いて求められます。

〔退職給付債務〕…退職時に見込まれる退職給付の総額のうち、期末までに発生していると認められる額を、割引率等によって割引計算したもの
〔年金資産〕…企業年金制度を採用している企業が退職給付に充てるために外部の基金等に積み立てている資産

　なお、従業員数300人未満の小規模企業等では、退職給付債務について**簡便法**によって計算することも認められています。

■退職給付引当金の動き

退職給付引当金^(注)

退職金支払額	期首残高
外部年金への掛金拠出額	
期末残高	退職給付費用 ◀

（注）退職給付引当金は、連結貸借対照表においては「**退職給付に係る負債**」として表示される。

■退職給付費用

勤務費用	退職給付費用
利息費用	期待運用収益

〔勤務費用〕
従業員の一定期間の労働の対価として発生したと認められる費用
〔利息費用〕
期首の退職給付債務について、期末まで時が経過することにより発生した計算上の利息
〔期待運用収益〕
期首の年金資産残高に、合理的に予測された収益率を乗じて計算されたもの（運用収益によって年金資産が増加する分）

35

資産除去債務

資産除去債務とは

①有形固定資産の取得、建設、開発または通常の使用によって生じ

②当該有形固定資産の除去 ^(注) に関して法令または契約で要求される法律
　上の義務及びそれに準ずるもの

（注）有形固定資産の「除去」とは、有形固定資産を用役提供から除外することをい
　　　う（一時的に除外する場合を除く）。

[例] 有害物質の除去費用、賃貸建物の原状回復義務、定期借地権契約
で賃借した土地の上に建設した建物等を除去する義務

資産除去債務の会計処理

　原則として、有形固定資産に関連する**資産除去債務は負債に計上**するとと
もに、これに**対応する除去費用を資産計上**します。

①負債計上

　　(a)有形固定資産の取得、建設、開発または通常の使用によって発生した
　　　ときに負債として計上

　　(b)資産除去債務の額は、資産除去債務が発生したときに、有形固定資産
　　　の除去に要する割引前の将来キャッシュ・フローを見積もり、割引後
　　　の金額（割引価値）で算定

　　(c)時の経過に伴い、期首の負債の帳簿価額に当初負債に計上したときの
　　　割引率を乗じた額を、負債額（資産除去債務）に加算（当該調整額
　　　は、発生時の費用として処理）

②資産計上

　　(a)資産除去債務の負債計上額と同額を、関連する有形固定資産の帳簿価

額に加えて計上
(b)資産計上された除去費用相当額は、減価償却により各期に費用配分

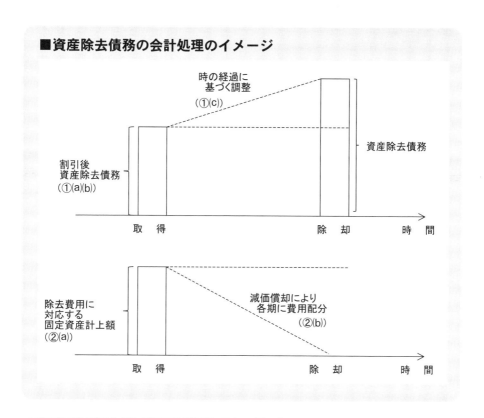

■資産除去債務の会計処理のイメージ

■資産除去債務の貸借対照表上の表示

資産除去債務の履行時期	表示区分
貸借対照表日後1年以内に履行見込み	流動負債
上記以外	固定負債

税効果会計(1)

36

重要度　　　[★★★]

進度チェック ☑ ☑ ☑

出題【16年3月・問24】

税効果会計の意義

　税効果会計は、企業会計上の収益・費用と課税所得計算上の益金・損金の認識時点の相違等により、企業会計上の資産・負債と課税所得計算上の資産・負債の額に相違がある場合において、法人税等の額を適切に期間配分することによって、<u>法人税等を控除する前の当期純利益と法人税等を合理的に対応させる</u>ことを目的としています。

　法人税等は、課税所得に対して課される税金です。企業会計における利益と法人税法上の課税所得の計算とでは、収益・費用と益金・損金の認識時点に相違がみられるのが一般的です。そのため、税引前利益と法人税等の額とが期間的に対応しない場合があり、これを対応させるための手続が、税効果会計です。

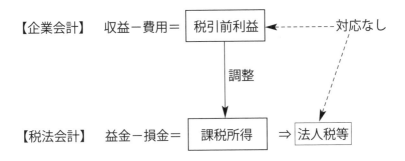

［設　例］

〔税効果適用前〕

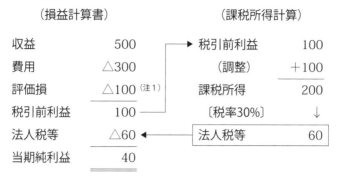

（損益計算書）　　　　　　　　（課税所得計算）

収益	500	税引前利益	100
費用	△300	（調整）	＋100
評価損	△100 (注1)	課税所得	200
税引前利益	100	〔税率30%〕	↓
法人税等	△60	法人税等	60
当期純利益	40		

〔税効果適用後〕

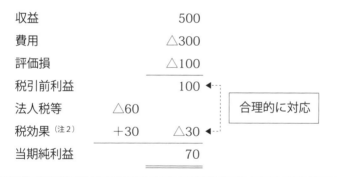

（損益計算書）

収益		500
費用		△300
評価損		△100
税引前利益		100
法人税等	△60	
税効果 (注2)	＋30	△30
当期純利益		70

合理的に対応

（注1）上記の評価損100について、税法上、損金の額に算入することができなかっ
　　　たものとする。
（注2）法人税等調整額（[37]参照）

税効果会計(2)

37

税効果会計の対象

①税効果会計の対象となるもの

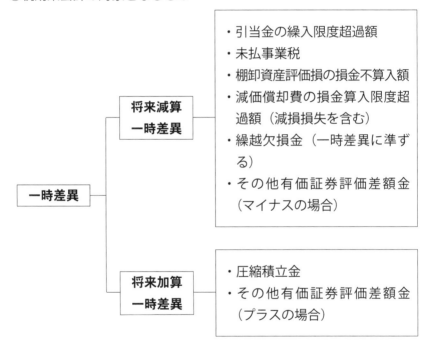

一時差異

将来減算
一時差異
・引当金の繰入限度超過額
・未払事業税
・棚卸資産評価損の損金不算入額
・減価償却費の損金算入限度超過額（減損損失を含む）
・繰越欠損金（一時差異に準ずる）
・その他有価証券評価差額金（マイナスの場合）

将来加算
一時差異
・圧縮積立金
・その他有価証券評価差額金（プラスの場合）

②税効果会計の対象とならないもの (注)

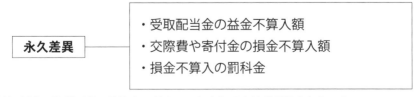

永久差異
・受取配当金の益金不算入額
・交際費や寄付金の損金不算入額
・損金不算入の罰科金

（注）将来の課税所得の計算上で税金の回収または支払が見込まれないもの。

税効果に係る会計処理

　将来減算一時差異または将来加算一時差異に係る項目は、将来の課税所得の調整計算において税金の回収（＝前払いの効果）または支払（＝後払いの効果）が見込まれるため、原則として、その一時差異に係る税金の額を**繰延税金資産**または**繰延税金負債**として計上します。

> 将来減算一時差異　×　法定実効税率　＝　繰延税金資産

> 将来加算一時差異　×　法定実効税率　＝　繰延税金負債

　期首と期末における繰延税金資産と繰延税金負債との差額（増減額）は、当期に納付すべき税金の調整額として、損益計算書において**法人税等調整額**として計上します。

（注）ただし、その他有価証券評価差額金は、貸借対照表（純資産の部）には計上されるが、損益計算書には計上されないため、法人税等調整額には関係しない。

> 法人税等調整額　＝（期末繰延税金負債－期末繰延税金資産）
> 　　　　　　　　－（期首繰延税金負債－期首繰延税金資産）

計算された法人税等調整額	繰延税金資産(又は繰延税金負債)の増減	損益計算書	当期純利益
プラス	増加（又は減少）	法人税等から減額	プラス
マイナス	減少（又は増加）	法人税等から増額	マイナス

税効果に係る表示方法

	計上場所	貸借対照表の表示	注　記
繰延税金資産	投資その他の資産	繰延税金資産と繰延税金負債を相殺して表示	一定の事項を注記表に注記
繰延税金負債	固定負債		

連結財務諸表の仕組み

38

連結財務諸表とは

　連結財務諸表は、親会社を中心とした企業グループを1つの組織体とみなして、企業グループ全体の財政状態、経営成績等を明らかにする財務諸表です(注1、2)。

　会社法においては、大会社（資本金5億円以上または負債総額200億円以上の会社）であって、有価証券報告書を提出している会社について、**連結計算書類**を作成しなければならないこととされています。連結計算書類は、以下の決算書から構成されます。

　①連結貸借対照表

　②連結損益計算書

　③連結株主資本等変動計算書

　④連結注記表

（注1）連結財務諸表規則における連結財務諸表として、連結貸借対照表、連結損益計算書、連結包括利益計算書、連結株主資本等変動計算書、連結キャッシュ・フロー計算書などが規定されている。

（注2）連結財務諸表は、子会社の決算日にかかわらず、親会社の会計期間にもとづき一定の日をもって連結決算日とされる。

連結の範囲

①原則

　連結財務諸表を作成するにあたって、親会社は原則として、（決算日が異なっている場合も含め）**すべての子会社**を連結の範囲に含めなければならないとされています。

　親会社とは他の会社の意思決定機関を支配している会社をいい、子会社とは親会社に支配されている会社のことをいいます。したがって、連結の範囲に含まれる子会社は、（議決権（持株）基準ではなく）**支配力基準**によって決定することとなっています。

②例外

　子会社であっても**支配が一時的であると認められる会社**や、有効な支配従属関係が存在せず組織の一体性を欠くと認められる破産会社などについては、連結の範囲に含めません。

連結財務諸表の作成プロセス

　連結財務諸表は、以下のプロセスによって作成されます。

> ①親会社と子会社の個別財務諸表を単純合算
> ②親会社・子会社間の債権債務や取引高を相殺消去（連結修正仕訳）

　企業グループ内で取引を行っている場合、単純合算した財務諸表では、親会社側での子会社への売上高と子会社側での親会社からの仕入高など、企業グループ内部の取引が含まれています。そのため、連結財務諸表においては、これらを相殺消去し、企業グループ外部との債権債務や取引高を示すように連結修正仕訳を行います。

■連結財務諸表の作成範囲のイメージ

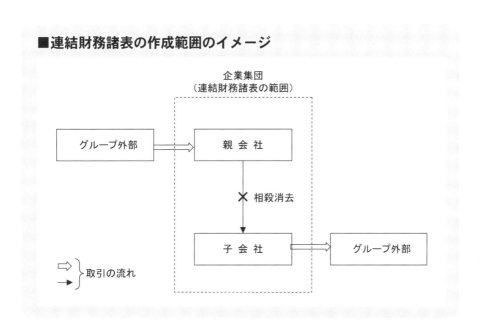

資本連結

39

重要度 [★★☆]

進度チェック ☑ ☑ ☑

出題【23年6月・問26】

投資と資本の相殺消去

単純合算された財務諸表において、親会社の子会社に対する投資（子会社株式）と、これに対応する子会社側における資本（資本金等）は、グループ内部の取引によって生じたものであるため相殺消去します。

この**投資と資本の相殺消去**により、親会社が保有する子会社株式勘定は、連結貸借対照表には記載されません。また、<u>連結貸借対照表の資本金は、親会社の貸借対照表における資本金の額と一致</u>します。

非支配株主持分

子会社の株主に親会社以外の少数株主がいる場合（100％子会社でない場合）、子会社側における資本には、親会社の投資だけでは相殺消去されない部分が残ります。このように子会社の資本のうち親会社に帰属しない部分の金額（ⓒ＋ⓓ）は、**非支配株主持分**として処理します。

非支配株主持分は、連結貸借対照表上、**純資産の部**に「非支配株主持分」(注)という項目で記載（独立掲記）されます。

（子会社の資本）

	資本金	500	ⓐ（400）	ⓒ（100）
	剰余金	1,000	ⓑ（800）	ⓓ（200）

親会社持分（80％）　　非支配株主持分（20％）

（注）平成27年3月31日以前に開始する事業年度まで「少数株主持分」とされていた。

のれん

親会社の投資（親会社の所有する子会社株式）と、子会社の資本のうちの親会社持分とが同額にならない場合、投資と資本の相殺消去において発生する差額を、投資消去差額（**のれん**）といいます。

■投資消去差額の処理

投資消去差額は、親会社の子会社への投資が子会社の資本（親会社持分）を上回る場合（借方差額）と下回る場合（貸方差額）とで、それぞれ次のように処理します。

親会社の投資＞子会社の資本 （借方差額）	「**のれん**」として貸借対照表の<u>無形固定資産</u>に計上
親会社の投資＜子会社の資本 （貸方差額）	「**負ののれん発生益**」として損益計算書の<u>特別利益</u>の区分に計上

■無形固定資産に計上されたのれん（借方差額）の処理 ◄

・<u>20年以内</u>のその効果の及ぶ期間にわたって定額法その他合理的な方法により償却
・償却額は、連結損益計算書の<u>販売費及び一般管理費</u>の区分に表示

未実現利益の処理

　企業グループ内部で取引を行う場合、連結消去仕訳において、その内部取引は相殺消去されます。しかし、企業グループ内部の他の会社から取得した棚卸資産などについてグループ外部に未売却である場合、<u>取得した会社における棚卸資産などの評価額は、売却側（グループ内部の他の会社）が上乗せした利益相当額を含んでいる</u>ことになります。このように、連結相互間の取引によって取得した棚卸資産などに含まれる未実現の利益を、**未実現利益**といいます。

　未実現利益は、連結財務諸表上は企業グループ外部に売却等されるまでは未実現の利益であるため、その全額を消去します。

棚卸資産に係る未実現利益の算定方法

消去すべき未実現利益の額

　＝買手側の期末商品棚卸高×売手側の売上高総利益率

　＝買手側の期末商品棚卸高 (a)−

　　{(a)÷(1＋売手側の付加利益率)}

（注）親会社が買手、子会社が売手の場合には、子会社の親会社以外の株主（非支配株主）に帰属する部分の振替処理も行う。

80

■売手が親会社の場合

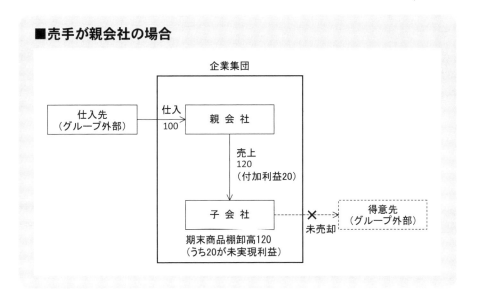

■売手が子会社の場合

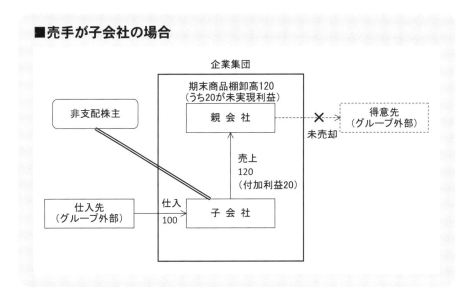

41 外貨建取引

重要度　　　[★★☆]
進度チェック ☑ ☑ ☑
出題【23年6月・問18】

　企業が外貨建取引を行う場合、取引価額が外貨で決まっているため、それらを一定の基準で円貨に換算して財務諸表に計上する必要があります。

取引発生時及び決済時の処理

　外貨建取引は、原則として、**取引発生時の為替レート**による円換算額をもって記録します。

　その後、外貨建金銭債権債務の決済を行ったときは、取引発生時から決済時までの為替レートの変動によって生じた損益については、発生した期において**為替差損益**として処理します。

　なお、損益計算書においては、為替差損と為替差益は相殺して計上します。

■決済時の為替差損益の発生

種　　類	取引発生から決済時までの為替相場の変動	
	円　　高	円　　安
外貨建金銭債権	為替差損	為替差益
外貨建金銭債務	為替差益	為替差損

決算時の処理

　取引発生から決済までの間に決算日を迎える場合、<u>決算日において、外国通貨や外貨建金銭債権債務については、原則として決算日の為替レートによる円換算額を付す</u>こととなっています。

　決算時における換算替えによって生じた換算差額は、原則としてその期の為替差損益とします。

　したがって、外貨建取引の発生時からその代金の決済時までの間に決算日がある場合には、当期において①取引発生時から決算日までに係る為替差損益が、次期以降において②決算日から代金の決済時までに係る為替差損益が、それぞれ発生することになります。

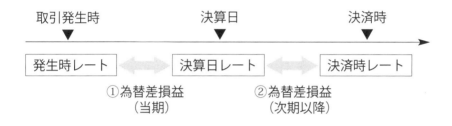

■財務諸表に計上される項目の換算方法

項　　目		適用レート
費用・収益	―	（原則）発生時レート （容認）期中平均レート
資産・負債	現金預金	決算日レート
	外貨建金銭債権債務	
	棚卸資産	発生時レート
	前渡金・前受金	

42 利益操作と粉飾

利益操作の意義

　企業が、企業会計原則の求める真実性の原則に反し利益操作等を行うことにより、財務諸表において真実と異なる財政状態や経営成績を示すことを、一般に「**粉飾**」といいます。

　利益操作には、企業の信用を維持すること等を目的とした利益の過大計上と、節税等を目的とした利益の過小計上とがあります。

利益操作のパターン

　財務諸表は複式簿記にもとづいて作成されているため、利益の過大計上は同時に資産の過大計上や負債の過小計上に、利益の過小計上は同時に資産の過小計上や負債の過大計上につながっています。

資産 ＋ 費用 ＝ 負債 ＋ 純資産 ＋ 収益

収益 － 費用 ＝ 資産 － （負債 ＋ 純資産）

■利益操作の例

操作方法	具 体 例	利益への影響
資産の過大計上 （費用過小・収益過大）	・売掛金の過大計上 ・期末棚卸資産の過大計上 ・貸倒引当金の過小計上 ・前払費用の過大計上 ・減価償却費の過小計上 ・売上高の過大計上	利益の過大計上
負債の過小計上 （費用過小・収益過大）	・買掛金の過小計上 ・賞与引当金の過小計上 ・退職給付引当金の過小計上 ・前受金の過小計上	
資産の過小計上 （費用過大・収益過小）	・売掛金の過小計上 ・期末棚卸資産の過小計上 ・貸倒引当金の過大計上 ・減価償却費の過大計上	利益の過小計上
負債の過大計上 （費用過大・収益過小）	・買掛金の過大計上 ・未払費用の過大計上 ・未払法人税等の過大計上 ・受取利息の過小計上	

■貸借対照表と損益計算書のつながり

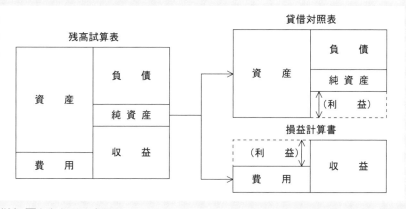

（注）30もあわせて参照。

85

43

[その他]
合併比率と交付株式数

重要度　　　[★★★]
進度チェック ☑ ☑ ☑

出題【23年6月・問30】

吸収合併

　合併とは、法定の手続にもとづいて、複数の会社が1つの会社になることをいい、形態によって**吸収合併**と**新設合併**とがあります。

　吸収合併は、合併の当事者のうち1つの会社を残して存続会社とし、他の会社の権利義務を存続会社に承継させて消滅させることをいい、新設合併は、合併の当事者となる会社を解散して、新設する会社に権利義務を承継させることをいいます。なお、合併において存続させる会社を**存続会社**というのに対し、合併により消滅する会社を**消滅会社**といいます。

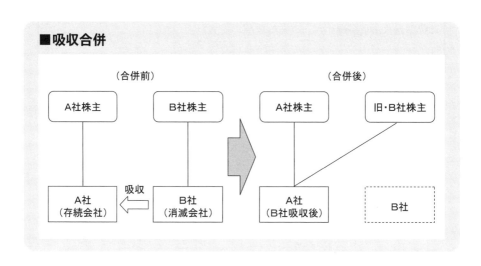

■吸収合併

86

合併比率の算出

会社が吸収合併を行う場合、合併により消滅する株主に対して、存続会社の株式が割り当てられます。

合併比率とは、消滅会社の株式1株につき存続会社の株式が何株割り当てられるかという割合を示す比率をいいます。例えば合併比率が1：0.5であれば、消滅会社株式1株と存続会社株式0.5株の価値が同じということになり、消滅会社の発行済み株式数に0.5を乗じた数が新たに交付される株式（数）となります。

$$合併比率＝1 : \frac{消滅会社の1株当たり企業評価額}{存続会社の1株当たり企業評価額}$$

■企業評価額の算出方法

方　法	内　容
純資産価額法	純資産価額（帳簿価額または再評価価額）で評価する方法
収益還元価値法	利益を資本還元率で除した額（収益還元価値）で評価する方法
株式市価法	発行済株式数の市価総額で評価する方法（株価評価法）
折衷法	純資産価額法や収益還元価値法などの複数の方法で評価した価額の平均で評価する方法
DCF法	将来の営業フリー・キャッシュ・フローの期待値を加重平均資本コスト（WACC）で割り引くことで事業価値を算出する方法

財務分析

銀行業務検定試験

財務3級
直前整理70

資本利益率

44

重要度　　　［★★★］
進度チェック ☑ ☑ ☑

出題【23年6月・問31】

収益性分析とは

　収益性分析は、財務分析の分析手法の1つで、企業がどれぐらい利益をあげているか（またはあげることができるか）をみるための分析をいいます。

　収益性分析には、主に次のような分析手法があります。

　　①資本利益率分析
　　②損益分岐点分析
　　③利益増減分析

資本利益率

　資本利益率は、投下された資本を事業に活用することにより、どれだけの利益をあげることができたかを示す指標です。

　代表的な資本利益率には、総資本（総資産）経常利益率、総資産営業利益率（ROA: Return on Asset）、自己資本利益率（ROE: Return on Equity）などがあります。

（注）ROE については 48 参照。

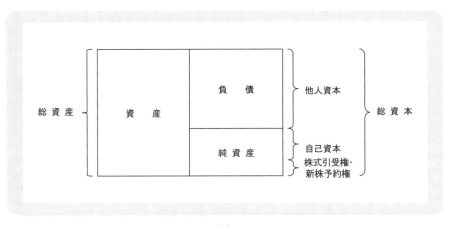

総資本（総資産）経常利益率

総資本（総資産）経常利益率は、次の算式により算出されます。

$$総資本（総資産）経常利益率（\%）= \frac{経常利益}{総資本（総資産）} \times 100$$

　総資本は、貸借対照表における負債と純資産の合計額、すなわち調達された資本の合計額で、資金の運用状況を表す資産合計と一致します（3参照）。

　一方の経常利益は、損益計算書における段階利益で、特別損益を計上する前の正常な収益力を表す指標です。

　したがって、総資本経常利益率は、事業に投下された総資産によってどれだけの正常な収益をあげることができるかという、**企業の総合的な収益性**を判定する指標であるといえます。

■総資本（総資産）経常利益率のイメージ

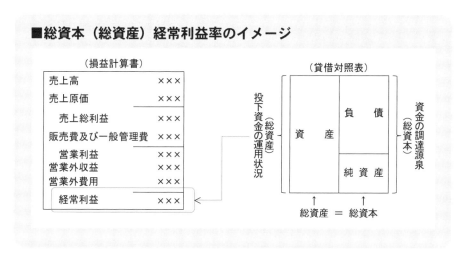

ROA（総資産当期純利益率）

　ROAは、投下した総資産からどれだけ利益（当期純利益）をあげることができたかを示す指標です。

$$ROA（\%）= \frac{当期純利益}{総資産} \times 100 = \frac{当期純利益}{売上高} \times \frac{売上高}{総資本} \times 100$$

売上高利益率

45

重要度　　　[★★★]

進度チェック ☑ ☑ ☑

出題【23年 6 月・問31】

総資本経常利益率の増減に係る判定

┌ ［総資本経常利益率が前期よりも上昇］⇒　総合的な収益性は向上

└ ［総資本経常利益率が前期よりも低下］⇒　総合的な収益性は悪化

総資本経常利益率の分解

総合的な収益性の判断指標である総資本経常利益率は、次のように**売上高経常利益率**と**総資本回転率**に分解することができます。

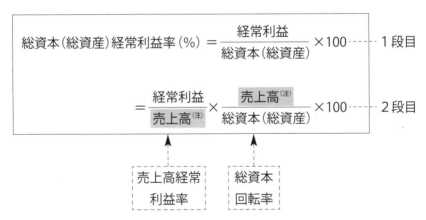

（注）分母と分子の売上高は約分できるため、1 段目の式と 2 段目の式は等しくなる。

総資本経常利益率が上昇（または低下）している場合、売上高経常利益率と総資本回転率とに分解することによって、その原因が売上高経常利益率にあるのか、総資本回転率にあるのか、両方にあるのかを検討することができるようになります。

売上高経常利益率

　売上高経常利益率は、損益計算書における売上高に対する経常利益の割合を示す指標です。

$$売上高経常利益率（\%）= \frac{経常利益}{売上高} \times 100$$

　損益計算書の段階利益である「営業利益」は、売上高から売上原価と販売費及び一般管理費を控除して求められ、企業本来の営業活動によって得られた利益を示しています。この営業利益に受取利息・配当金や支払利息などの営業外損益を加えたものを「経常利益」といいます。営業外損益項目は企業本来の活動から発生するものではないものの、本業を継続していくための経常的な財務的行為等から発生する「損益項目」です。

　したがって、売上高経常利益率は、**企業の正常な収益力を判断する指標**であるといえます。

■売上高経常利益率のイメージ

（損益計算書）

売上高	×××	（100%）
売上原価	×××	
売上総利益	×××	
販売費及び一般管理費	×××	
営業利益	×××	
営業外収益	×××	
営業外費用	×××	
経常利益	×××	（○○%）

回転率と回転期間

46

総資本回転率

　総資本回転率とは、一定期間の売上高をあげるために、投下された総資本が何回転したかを示す指標です。

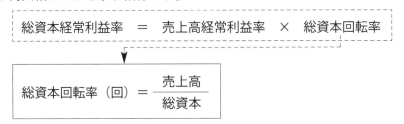

　調達された資金（総資本）は、貸借対照表の資産の各項目に投下、運用されます。投下された資金は売上高の獲得に活用され、回収された資金はさらに売上高を生み出すことに活用されます。したがって、総資本回転率は、事業に投下した総資本をいかに有効に利用して売上高を生み出したかという、**投下資本の運用効率**を表す指標であるといえます。

■総資本回転率のイメージ

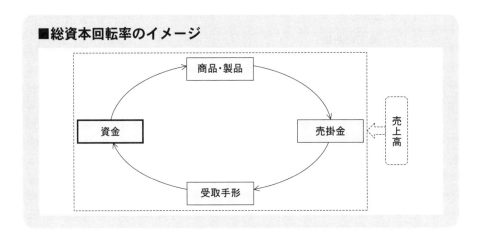

総資本回転率の高低に係る判定

［総資本回転率が高い］⇒　資金の運用効率が良い

［総資本回転率が低い］⇒　資金の運用効率が悪い

回転期間

　回転期間とは、売掛金や棚卸資産などに投下された資本が、売上高の何倍あるかを示す指標で、それらの投下資本が資金回収されるのに何年（または何ヵ月、何日）かかるか、もしくはそれらの投下資本の残高が売上高の何年分（または何ヵ月分、何日分）あるかを表しています。

$$総資本回転期間（月）= \frac{総資産（総資本）}{平均月商^{（注1）}}$$

（注1）売上高÷12

$$総資本回転期間（日）= \frac{総資産（総資本）}{平均日商^{（注2）}}$$

（注2）売上高÷365

回転期間と回転率との関係

　回転期間は回転率と逆数の関係となっています。したがって、回転期間も回転率と同様に、投下資本の運用効率を表しています。ただし、逆数であるためその評価も逆方向となり、例えば回転率が上昇すると、回転期間は小さくなる（短くなる）という関係にあります。

$$回転期間（月）= \frac{12}{回転率}$$

［回転期間が短い］⇒　資金の運用効率が良い

［回転期間が長い］⇒　資金の運用効率が悪い

回転期間の検討とCCC

47

重要度　　　[★★★]

進度チェック　☑ ☑ ☑

出題【23年 6 月・問34、35、50】

総資本回転率の分解

　総資本回転率が良い（または悪い）場合、その分母である総資本（総資産）を売上債権、棚卸資産などの各構成要素に分解することにより、どこに投下された資本について資金の運用効率が良く（または悪く）なっているかについて検討することができます。

　その場合、一般には回転率ではなく、同様に資金の運用効率を表す指標である回転期間を使用して分析を行います。

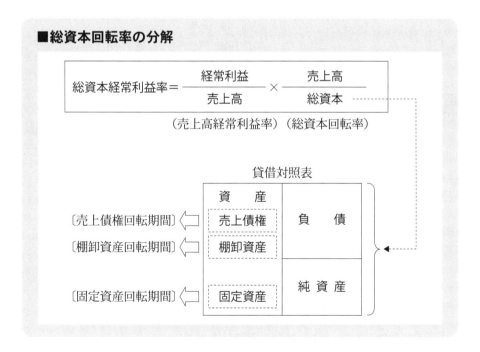

■総資本回転率の分解

$$総資本経常利益率 = \frac{経常利益}{売上高} \times \frac{売上高}{総資本}$$

（売上高経常利益率）（総資本回転率）

貸借対照表

資　　産	負　　債
〔売上債権回転期間〕⇐ 売上債権	
〔棚卸資産回転期間〕⇐ 棚卸資産	
〔固定資産回転期間〕⇐ 固定資産	純 資 産

回転期間の例

　売上債権回転期間は、企業が平均月商の何ヵ月分の売上債権を保有しているか、つまり売上債権が平均して何ヵ月で回収できるかを示しています。回転期間が短い（数値が小さい）ほど、資金の運用効率が良いとされています。

$$
売上債権回転期間（月）= \frac{売上債権}{売上高÷12（＝平均月商）}
$$

$$
棚卸資産回転期間（月）= \frac{棚卸資産}{売上高÷12（＝平均月商）}
$$

$$
固定資産回転期間（月）= \frac{固定資産}{売上高÷12（＝平均月商）}
$$

売上債権＝受取手形[注]＋売掛金
（注）受取手形＝手持手形＋割引手形＋裏書譲渡手形

$$
売上高回転率（回）= \frac{売上高（年商）}{売上債権}
$$

⇩

回転期間と回転率は
<u>逆数の関係</u>にあります。

キャッシュ・コンバージョン・サイクル（ＣＣＣ）

ＣＣＣ（日）＝売上債権回転期間（日）＋棚卸資産回転期間（日）－仕入債務回転期間（日）

　仕入代金を支払ってから売上代金を回収するまでの平均日数をいい、日数が短いほどキャッシュを効率的に使用していることになります。

回転期間の長期化の要因

売上債権回転期間	・受取手形のサイトや売掛金の回収条件の長期化 ・売上代金の現金回収割合の減少 ・売上代金の手形回収割合の増加 ・長期滞留売掛金の発生
棚卸資産回転期間	・商品の過剰仕入 ・製造期間の長期化 ・長期滞留在庫の増加
固定資産回転期間	・大規模な設備投資の実施 ・過剰設備や遊休不動産の増加

ROEと株主への利益還元

48

重要度　　　　[★★☆]
進度チェック　☑ ☑ ☑

出題【23年 6 月・問33、36】

ROE の算式

ROE（Return on Equity: 自己資本当期純利益率）は、自己資本に対する当期純利益の割合で、次の算式によって算出されます。

$$\text{ROE}(\%) = \frac{\text{当期純利益}}{\text{自己資本}} \times 100 = \frac{\text{当期純利益}}{\text{純資産} - \text{株式引受権・新株予約権}} \times 100$$

企業は、他人資本（負債）と自己資本として調達した資本を投下して事業を行います。投下資本によって得られた利益のうち、他人資本にはその対価として支払利息が発生し、これらを差し引いた当期純利益が株主に対する配当の原資となります。

したがって、ROE は次の 2 点を表す指標であるということができ、ROE が高い場合には株価の上昇要因となります。

①株主から調達した資本（自己資本）によってどれだけの利益をあげることができたのか。
②配当原資の獲得能力はどの程度か。

なお、自己資本の何倍の総資産を経営に投入しているかを示す指標を、**財務レバレッジ**といいます。ROE、ROA、財務レバレッジには、以下の関係が成り立ちます。

$$\text{ROE}\left(\frac{\text{当期純利益}}{\text{自己資本}} \times 100\right) = \text{ROA}\left(\frac{\text{当期純利益}}{\text{総資産}} \times 100\right) \times \text{財務レバレッジ}\left(\frac{\text{総資産}}{\text{自己資本}}\right)$$

配当性向

配当性向は次の算式により算定され、企業活動の最終的な結果である当期純利益のうち、どの程度が株主への配当に充てられているかを表しています。

$$配当性向（\%）＝\frac{株主配当金}{当期純利益}\times 100$$

　配当性向が低いほど社内留保が多いことを意味しており、企業の財務政策に関する健全性が高いといえます。一方、配当性向が高く100%を超えている場合、過年度の留保利益を取り崩して配当を行っていることになります。

■配当性向のイメージ

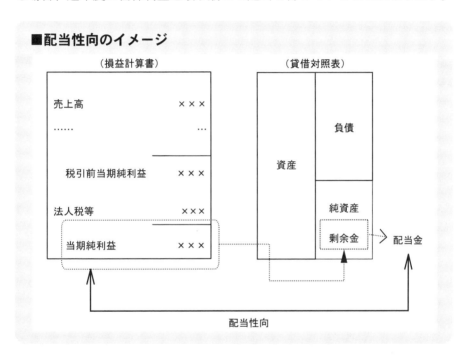

総配分性向（総還元性向）

　総配分性向（総還元性向）は、配当性向の分子に自己株式に充てた金額を株主の利益配分として加えたもので、自社株買いも株主還元の1つと考え、企業による株主への利益還元の度合いを、より幅広く示す指標です。

$$総配分性向（\%）＝\frac{株主配当金＋自己株式の当期取得額}{当期純利益}\times 100$$

売上高経常利益率の分析

49

重要度　　　[★★☆]

進度チェック ☑ ☑ ☑

出題【23年6月・問32】

売上高経常利益率の分析

　企業の総合的な収益性を表す総資本経常利益率の良否の要因は、売上高経常利益率と総資本回転率とに分解して検討されます（45参照）。

> 総資本経常利益率　＝　売上高経常利益率　×　総資本回転率

　このうち売上高経常利益率について、経常利益は売上高から売上原価や販売費及び一般管理費を控除し、営業外損益を加減算して求められます。したがって、売上高経常利益率が良い（または悪い）要因は、経常利益を算出する過程における段階利益である「売上総利益」や「営業利益」の売上高に対する割合によって、さらに検討することができます。

■売上高と売上高利益率の関係

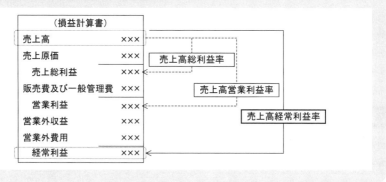

$$売上高総利益率（\%）= \frac{売上総利益}{売上高} \times 100$$

$$売上高営業利益率（\%）= \frac{営業利益}{売上高} \times 100$$

変動損益計算書による分析

　売上高経常利益率の良否の要因は、通常の損益計算書ではなく「**変動損益計算書**」によって検討することもできます。

　変動損益計算書においては、費用は、**変動費**と**固定費**に区分されます。

　変動費は、<u>売上高の増加（または減少）に伴って金額が増加（または減少）する費用</u>をいい、一般に製品の原材料費、買入部品費、外注加工費、商品売上原価などがこれにあたります。

　一方、固定費は、<u>売上高の増減とは関係なく、一定の金額が発生する費用</u>をいい、役員報酬、管理部門の人件費、減価償却費、地代家賃、租税公課、支払利息などがあります。

　売上高から変動費を差し引いたものを、**限界利益**（貢献利益）といいます。

　なお、売上高に対する変動費の割合を**変動費比率**といい、売上高に対する限界利益の割合を**限界利益率**といいます。

総費用＝　変動費＋固定費　＝（売上高×変動費比率）＋固定費

限界利益＝　売上高－変動費　＝　売上高×限界利益率

■変動損益計算書への組替え

損益分岐点分析

重要度　　　[★★☆]
進度チェック ☑ ☑ ☑

出題【23年6月・問37】

損益分岐点売上高

　変動損益計算書では、企業の利益は売上高と総費用の差額として、すなわち売上高から変動費と固定費を差し引いて求められます。

　損益分岐点売上高は、<u>損益がゼロとなる（利益も損失も発生しない）とき、すなわち収益と費用が同額となる売上高</u>をいいます。損益分岐点よりも売上高が多ければ利益が、少なければ損失が発生します。

　損益分岐点売上高は、次の算式により求められます。

$$
\begin{aligned}
\text{損益分岐点売上高（S）} &= \text{変動費} + \text{固定費} \\
&= (\text{S} \times \text{変動費比率}) + \text{固定費} \\
\text{S} \times (1 - \text{変動費比率}) &= \text{固定費} \\
\text{S} &= \frac{\text{固定費}}{(1 - \text{変動費比率})}
\end{aligned}
$$

$$
\text{損益分岐点売上高} = \frac{\text{固定費}}{\text{限界利益率}}
$$

（注）

$$
\text{変動費比率（\%）} = \frac{\text{変動費}}{\text{売上高}} (\times 100\%) \qquad \text{限界利益率（\%）} = \frac{\text{限界利益}}{\text{売上高}} (\times 100\%)
$$

　損益分岐点売上高は、収益と費用とが同額となる売上高をいいます。その
ため、固定費が一定のもとで変動費比率が上昇すると、損益分岐点売上高は
上昇し、変動費比率が一定のもとで固定費が増加する場合も、損益分岐点売
上高は上昇します。

■損益分岐点図表

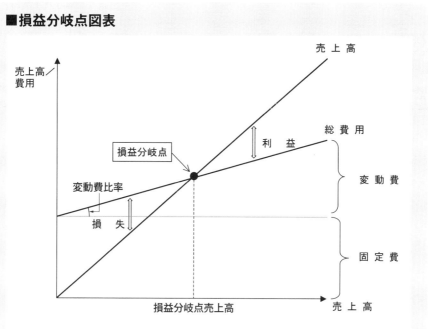

［説明］
・縦軸は売上高と総費用を、横軸は売上高を示しています。
・総費用線は変動費と固定費の合計額を示しています。
・売上高線と総費用線とが交わる点が損益分岐点売上高で、それより右
　側で利益が発生し、左側では損失となります。

安全余裕率

損益分岐点比率

損益分岐点比率は、損益分岐点売上高が現在の売上高に対してどの程度の割合になっているかを示す指標です。

$$損益分岐点比率（\%）＝ \frac{損益分岐点売上高}{売上高} \times 100$$

分母の売上高が損益分岐点売上高を上回る場合、売上高が大きくなればなるほど利益額も大きくなります。そのため、この比率が低いほど企業の収益構造が良好であることを示しています。この指標が100％を超えている場合には、現在の売上高が損益分岐点売上高を下回っていることとなり、赤字であることを表しています。

■損益分岐点比率の判定

損益分岐点比率		判　　定
低い		企業の収益の安定性が高い
高い		企業の収益の安定性が低い
	高い（100％以上）	〃　　　　　（赤字）

安全余裕率

安全余裕率は、現在の売上高のうち、損益分岐点売上高を超える部分の割合を示す指標で、**経営安全率**ともよばれます。

$$安全余裕率（\%）= \frac{売上高 - 損益分岐点売上高}{売上高} \times 100$$

分子の値が大きくなればなるほど利益が出ていることになるため、この比率が高いほど企業の収益構造が良好であることを示しています。この指標がマイナスである時には、現在の売上高が損益分岐点売上高を下回っており、赤字であることを表しています。

■安全余裕率の判定

安全余裕率		判　　定
高い		企業の収益の安定性が高い
低い		企業の収益の安定性が低い
	低い（マイナス）	〃　　　　　　　（赤字）

損益分岐点比率と経営安全率の関係

損益分岐点比率と経営安全率は、現在の売上高について、損益分岐点売上高の割合と損益分岐点売上高を超える部分の割合とに分けたものであるため、損益分岐点比率が高いと経営安全率は低くなり、損益分岐点比率が低いと経営安全率は高くなるという関係にあります。

経営安全率＝（1－損益分岐点比率）

損益分岐点比率＋経営安全率＝100％

52

損益分岐点分析の応用

　損益分岐点分析は、現状の売上高と損益分岐点売上高とのかい離を把握し、収益の安全性をはかるための手法ですが、利益計画等で将来の損益を試算して売上高や利益の目標額を算定するために活用することもできます。

　損益分岐点売上高は収益と費用が同額となる売上高、すなわち収益から費用を差し引いた利益がゼロになる売上高であるため、次の算式によって表すことができます。

> 損益分岐点売上高－（変動費＋固定費）＝0

　したがって、目標利益を達成するための必要売上高を求めるには、この算式の「0」を「目標利益」に置き換えることで算出できます。

> 必要売上高（S）－（変動費＋固定費）＝目標利益

$$S－変動費＝固定費＋目標利益$$
$$S－S×変動費比率＝固定費＋目標利益$$
$$S×（1－変動費比率）＝固定費＋目標利益$$

$$
必要売上高（S）＝\frac{固定費＋目標利益}{（1－変動費比率）}
$$

$$
＝\frac{固定費＋目標利益}{限界利益率}
$$

目標経営安全率（安全余裕率）を達成するための必要売上高

　経営安全率は、現在の売上高のうち損益分岐点売上高を超える部分の割合を示す指標であるため、目標経営安全率を達成するための必要売上高についても同様に計算することができます。

$$
目標経営安全率（A）＝ \frac{必要売上高（S）－損益分岐点売上高}{必要売上高（S）}
$$

　損益分岐点売上高＝S－A×S
　　　　　　　　　　＝S×（1－A）
　損益分岐点売上高－（変動費＋固定費）＝0より、

　　$\underset{損益分岐点売上高}{\underline{S×（1－A）}}－\underset{変動費}{\underline{S×（1－A）×変動費比率}}＝固定費$

　　S×（1－A）×（1－変動費比率）＝固定費
　　S＝固定費÷｛(1－A)×（1－変動費比率)｝

$$
必要売上高（S）＝ \frac{固定費}{（1－目標経営安全率）×限界利益率}
$$

■損益分岐点図表

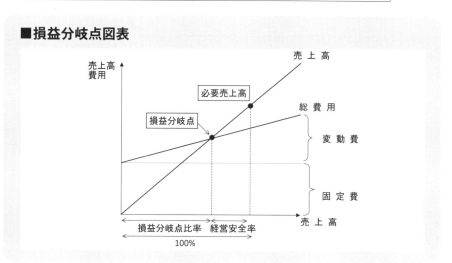

利益増減分析

53

重要度　　　　[★★☆]

進度チェック ☑ ☑ ☑

出題【23年3月・問34】

売上総利益の額

利益増減分析は、収益性分析としての分析手法の1つです。ここでは利益指標の1つである売上総利益の増減分析を取り上げます。

損益計算書における売上高から売上原価を差し引いたものを売上総利益とよび、売上高に対する売上総利益の割合を売上（高）総利益率といいます。

$$売上（高）総利益率（\%） = \frac{売上総利益}{売上高} \times 100$$

複数商品のセールスミックス

■売上高総利益率

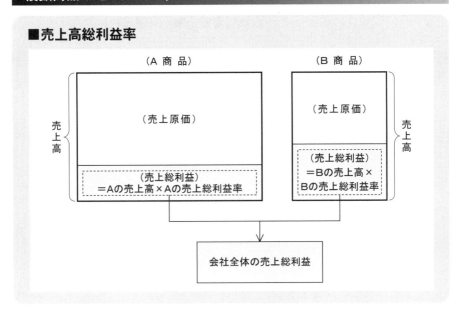

売上総利益の増減分析

　売上総利益の増減分析は、2期間の利益を比較して、その増減額の原因を把握するために行われるものです。

　売上総利益は、次の算式により算出されます。

> 売上総利益＝売上高－売上原価

この売上高と売上原価は、それぞれ次のように分解されます。

> 売上高＝販売数量×売上単価
> 売上原価＝販売数量×仕入単価

■売上総利益の増減の分析

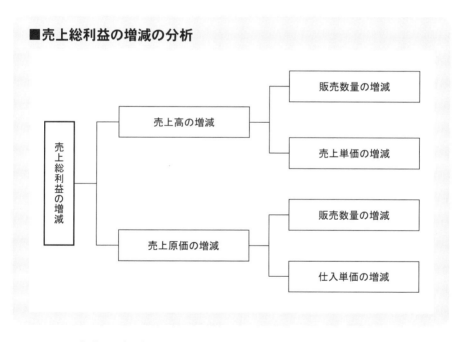

　なお、販売費及び一般管理費（販売促進費など）は売上総利益からマイナスされる項目であるため、売上高総利益率には影響を与えません。

生産性と付加価値

重要度	[★★☆]
進度チェック	☑ ☑ ☑

[未出題]

生産性の考え方

　生産性とは、生産物の生産にあたって、生産要素の投入量（インプット）と生産物の産出量（アウトプット）との関係をみるものです。生産性には、できるだけ少ないインプットでより多くのアウトプットを生み出すことが望ましいという発想があり、生産性によって企業の経営能率を判断することができるようになるといえます。

　生産性分析は、企業が「ヒト」「モノ」「カネ」といった生産要素（インプット）をいかに有効に利用して、生産（アウトプット）を行ったかという<u>生産要素の有効利用（生産能率）の度合い</u>を分析するものです。

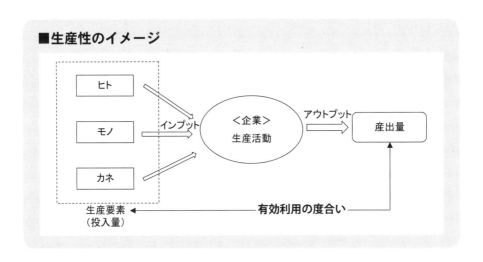

■生産性のイメージ

付加価値額の算出

　生産性分析によって生産要素の有効利用の度合いをはかるためには、生産

要素の投入によって生み出された成果をはかる必要があります。

付加価値額とは、<u>企業が新しく生み出した価値の額</u>のことをいい、付加価値額をもって生産による成果をはかります。

付加価値額の計算方法の例として、次のようなものがあります（日銀方式）。

> 付加価値額＝経常利益＋人件費＋賃借料＋金融費用＋租税公課
> 　　　　＋減価償却費

この式では、企業が新たに生み出した価値は生産活動の過程で加算されていくという計算方法をとっています。

「経常利益」は、企業が生み出した価値のうち分配されずに残っている部分です。これに対し、「人件費」は「ヒト」という生産要素に対して分配された付加価値額と考えます。同様に、「金融費用」は「カネ」という生産要素に、「賃借料」と「減価償却費」は「モノ」に、「租税公課」は行政サービスに対する付加価値の分配と考えることができます。

■付加価値額の分配

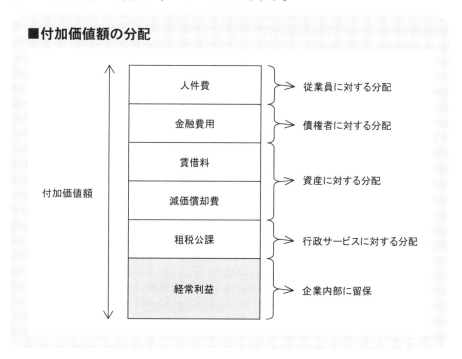

[生産性分析]
労働生産性

重要度　　[★★★]
進度チェック ☑ ☑ ☑

出題【23年6月・問39】

労働生産性の考え方

　労働生産性は、従業員1人当たりの付加価値額として算出される指標で、投入された生産要素である労働力（従業員1人当たり）に対して、どの程度の生産物（付加価値額）を生み出したかということを示しています。

$$労働生産性 = \frac{付加価値額}{従業員数}$$

この数値が高いほど、生産能率が高いということができます。

労働生産性の分解

　労働生産性が高い（または低い）場合に、その要因を付加価値の獲得源泉である売上高によって分解することができます。

$$労働生産性 = \underset{\langle 付加価値率 \rangle}{\frac{付加価値額}{売上高}} \times \underset{\langle 従業員1人当たり売上高 \rangle}{\frac{売上高}{従業員数}}$$

この計算式は、さらに次のように分解することができます。

$$労働生産性 = \underset{\langle 付加価値率 \rangle}{\frac{付加価値額}{売上高}} \times \underset{\langle 労働装備率 \rangle}{\frac{有形固定資産}{従業員数}} \times \underset{\langle 有形固定資産回転率 \rangle}{\frac{売上高}{有形固定資産}}$$

$$労働生産性 = \underset{\langle 労働装備率 \rangle}{\frac{有形固定資産}{従業員数}} \times \underset{\langle 設備生産性（設備投資効率）\rangle}{\frac{付加価値額}{有形固定資産}}$$

112

■生産性の関連指標の相関図

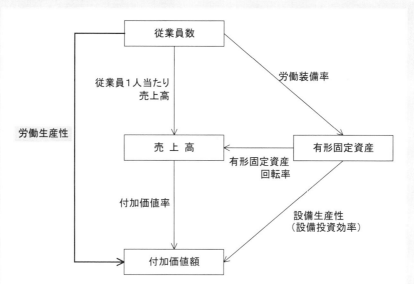

（注）矢印の始点が分母、終点が分子という関係を示している。

指　標	定　義	内　容
付加価値率	売上高に占める付加価値額の割合	企業が生み出す成果物に付加された価値の程度
労働装備率	有形固定資産を従業員数で割ったもの	資本の中で有形固定資産が、従業員1人当たりどの程度使われているかを示す 一般に労働装備率が大きいことは、生産の機械化が進んでいることを意味している
設備投資効率	付加価値額を有形固定資産で割ったもの	生産設備がどれだけの付加価値を生み出しているかを示す

56

労働分配率

労働分配率の考え方

労働分配率は、企業の獲得した付加価値額のうち、労働（人件費）にどの程度分配されたかを示す指標のことをいいます。

$$労働分配率（\%）= \frac{人件費}{付加価値額} \times 100$$

労働分配率によって、企業が生み出した成果が、生産要素の 1 つである「ヒト」の提供者（従業員）に対して、適正に分配されているかどうかを分析することができます。

付加価値額 ＝経常利益＋ 人件費 ＋賃借料＋金融費用＋・・・

■労働分配率のイメージ

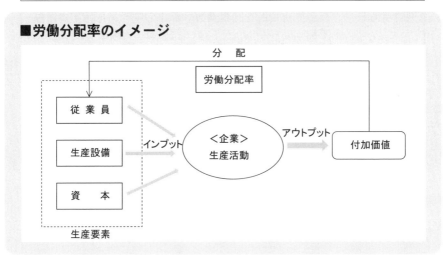

労働生産性と労働分配率の関係

　労働分配率は、生産性分析の基本指標の１つである労働生産性の変化の要因を把握するために用いられます。

　労働生産性が高い場合、より少ない労働力の投入で、より多くの成果（付加価値）を生み出すことができます。しかし、生み出した付加価値を従業員に対して分配する割合が低ければ、従業員の労働意欲が低下し、労働生産性が悪化するおそれがあります。

　一方で、労働分配率を高めることは、労働力以外の生産要素に対する分配率の低下や企業に留保される利益の減少につながります。

　そのため企業経営上は、労働生産性を高めることで付加価値を高め、これによって一定の労働分配率の範囲内で、比較的高水準の給与を支払っていくことが望ましいといえます。

$$労働生産性 = \frac{人件費}{従業員数} \div \frac{人件費}{付加価値額}$$

〈従業員１人当たり人件費〉　〈労働分配率〉

$$従業員１人当たり人件費 = \frac{付加価値額}{従業員数} \times \frac{人件費}{付加価値額}$$

〈労働生産性〉　〈労働分配率〉

$$労働分配率 = \frac{人件費}{従業員数} \div \frac{付加価値額}{従業員数}$$

〈従業員１人当たり人件費〉　〈労働生産性〉

57 資金の運用・調達バランスの分析(1)

安全性分析の考え方

　安全性分析は、企業の財務の安定性や支払能力、資金繰り状況を分析する手法をいいます。

　安全性分析の手法には、①貸借対照表日現在の支払の安全性を把握する方法（静態的安全性分析）と、②一定期間の資金の動きを分析し資金繰り状況や資金の獲得能力を把握する方法（動態的安全性分析）とがあります。

　静態的安全性分析では貸借対照表を利用して分析を行いますが、その観点には、(a)資金の運用と調達のバランスをみるものと、(b)資金調達方法のバランス（健全性）をみるものがあります。

■安全性分析の考え方

流動比率

　資金の運用と調達のバランスに関する安全性分析には、短期的なバランスの分析と長期的なバランスの分析があります。

　短期的なバランスの分析においては、貸借対照表の流動資産と流動負債を使用して分析を行います。

　流動負債に対する流動資産の割合を示したものを、**流動比率**といいます。

$$流動比率（\%）= \frac{流動資産}{流動負債} \times 100 \quad \Leftarrow \quad \text{短期的な支払能力を判定する指標}$$

■流動比率による分析

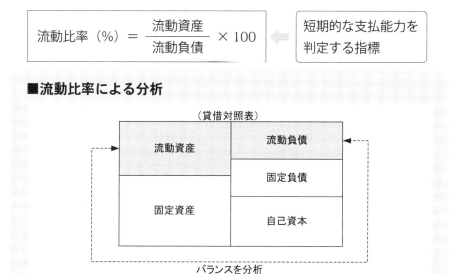

（貸借対照表）

　流動比率は、短期間に支払期限が到来する流動負債に対して、その支払手段となる流動資産がどの程度あるかを示すものであるため、<u>数値が高いほど短期的な安全性が高く、一般に200％以上が望ましい</u>とされます。

〔流動比率の問題点〕

　流動比率の分子である流動資産には、かならずしも短期的に現金化されない項目が含まれている可能性があります。このような項目は流動負債の支払手段となり得ないため、流動比率が過大に算定されることになります（[58]「当座比率」参照）。

資金の運用・調達バランスの分析(2)

58

当座比率

当座比率とは、流動負債に対する当座資産の割合を示したもので、**当座資産**は流動資産から棚卸資産を控除して算定されます。

棚卸資産は営業循環基準によって流動資産に分類されますが、短期的に販売されて現金化されるかどうか確実な項目であるとはいえません。

そのため、棚卸資産を控除した当座資産は流動資産のなかでも換金性の高い項目であり、これと流動負債とを対比することで、企業の短期的な支払能力を把握しようとするのが当座比率であるといえます。

したがって、当座比率も流動比率と同様に、高いほど支払能力があることを示しており、100%以上が望ましいとされています。

$$当座比率（\%）= \frac{当座資産}{流動負債} \times 100$$ ◀ 短期的な支払能力を判定する指標

■各安全性指標による分析

■当座比率
（貸借対照表）

当座資産	流動負債
棚卸資産	固定負債
固定資産	自己資本

■固定比率
（貸借対照表）

流動資産	流動負債
	固定負債
固定資産	自己資本

■固定長期適合率
（貸借対照表）

流動資産	流動負債
	固定負債
固定資産	自己資本

固定比率

固定比率は、自己資本に対する固定資産の割合を示したもので、長期的な資金の調達と運用のバランスによって企業の長期的な安全性を判断するための指標です。

$$固定比率（\%）＝\frac{固定資産}{自己資本^{(注)}} \times 100$$

長期的な安全性を判定する指標

（注）一般に「自己資本＝純資産－新株予約権・株式引受権」とされる。

固定資産は、長期にわたって資金化されない項目への資金運用を表します。これに対し、自己資本は返済の必要のない資金としての資金調達を表しており、固定比率はこのような固定資産への投資について、自己資本によってどれだけまかなわれているかを示した指標であるといえます。

固定比率は、100％以下で数値が低いほど、固定資産への投資が安定した資金調達でまかなわれており、望ましいとされています。

固定長期適合率

固定長期適合率は固定比率の補完として用いられる指標で、固定負債と自己資本の合計額に対する固定資産の割合を示し、企業の長期的な安全性を判断するための指標です。

$$固定長期適合率（\%）＝\frac{固定資産}{自己資本＋固定負債} \times 100$$

長期的な安全性を判定する指標

固定長期適合率は、返済の必要のない自己資本と、長期にわたって返済すればよい固定負債とで、長期投資である固定資産投資をどれだけまかなっているかを示した指標で、数値が低いほど安全性が高いといわれています。

固定長期適合率は分母に固定負債を含んでおり、100％以下が絶対的な目安とされています。

資金調達方法のバランスの分析

重要度　　　　[★★★]

進度チェック ☑ ☑ ☑

出題【23年3月・問35】

資金調達の方法に関する安全性分析

　静態的安全性分析には、(a)資金の運用と調達のバランスの分析と、(b)資金調達方法のバランスの分析があります。

　貸借対照表の貸方側（右側）では、借方側（左側）の資産に投入される資金の調達源泉を表しています。そのため、資金調達方法のバランスを分析する際には、貸借対照表の貸方側によって分析を行います。

自己資本比率

自己資本比率は、総資本に占める自己資本の割合として算定される指標です。

$$自己資本比率（\%）＝\frac{自己資本}{総資本}×100$$

$$〈総資本〉＝　負債　＋　純資産$$

$$〈自己資本〉＝　純資産　－　株式引受権・新株予約権$$

資金調達の状況から財務体質の安全性を評価する指標

　貸借対照表の貸方側（右側）は、負債と純資産に区分されますが、このうち負債は返済が必要な資金としての調達項目です。一方、純資産は株主からの払込や利益の内部留保などから構成されており、返済義務のない資金としての調達項目です。

　自己資本比率の分子である自己資本は、純資産から新株予約権を控除して算定され、主に株主資本等から構成されています。

　したがって、自己資本比率は、資金調達全体に占める返済不要な資金調達である自己資本の割合を示しており、その比率が高いほど安全性が高く、自己資本が充実しているといえます。

120

■自己資本比率の算定図

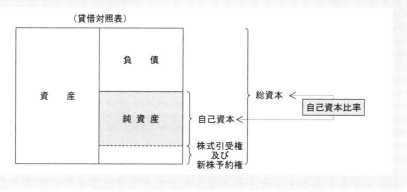

負債比率（D/E レシオ）

　負債比率（D/E レシオ）は、自己資本に対する負債の割合として算定される指標で、**レバレッジ比率**ともよばれます。

$$負債比率（\%）＝ \frac{負債（他人資本）}{自己資本} × 100$$

　分子である負債は返済義務のある資金調達であるため、これを返済不要な資金調達である自己資本でどの程度カバーされているかを示しています。

　したがって、負債比率は100％以下であることが望ましく、低いほど企業の財務安定性が高く、自己資本によって負債がカバーされている状態であるといえます。

■負債比率の算定図

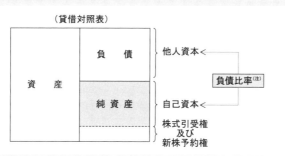

（注）自己資本比率が高い企業の負債比率は低く、自己資本比率の低い企業は負債比率が高くなる。

資金運用表の仕組み

重要度　　　[★★★]

進度チェック ☑ ☑ ☑

出題【22年6月・問44】

資金運用表の定義

資金運用表は、資金繰り状況等を分析するための資金表の1つです。

①2期間（前期と当期）の貸借対照表を比較

②各科目間の残高の増減をとらえて、資金の調達と運用とに分類

③一会計期間における資金の動きを示した表

資金の3区分

資金運用表においては、資金の動きを、長期的な資金である「**固定資金**」、短期的な資金である「**運転資金**」、短期の財務的な資金である「**財務資金**」の3つに区分して記載します。

■各科目の残高の増減に関する3つの資金への分類

固定資金	固定資産、固定負債、純資産
運転資金	流動資産、流動負債（共に財務資金に該当するものを除く）
財務資金	現金預金、短期借入金、割引手形

資金の運用と調達

3つに区分された固定資金、運転資金、財務資金は、それぞれ「**資金の運用**」に属する項目と「**資金の調達**」に属する項目とに区分して表示されます。

固定資金について資金の運用額と資金の調達額との差額は、「**固定資金不足**」（調達欄）、または「**固定資金余剰**」（運用欄）として記載します（運転資金についても同様に記載します）。

そして、固定資金不足（または余剰）及び運転資金不足（または余剰）は、財務資金の部における運用欄（または調達欄）に転記されます。

■各科目の増減と資金の運用・調達

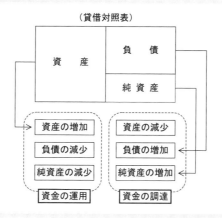

■資金運用表の例

	運　用		調　達	
固定資金	法　人　税　等　支　払(注1)	14	税　引　前　当　期　純　利　益	32
	配　当　金　支　払	5	減　価　償　却　費	6
	固　定　資　産　投　資(注2)	16	長　期　借　入　金　増　加	2
	固　定　資　金　余　剰	5		
	合　計	40	合　計	40
運転資金	売　上　債　権　増　加	12	仕　入　債　務　増　加	5
	棚　卸　資　産　増　加	3	運　転　資　金　不　足	10
	合　計	15	合　計	15
財務資金	運　転　資　金　不　足	10	固　定　資　金　余　剰	5
	現　金　預　金　増　加	16	短　期　借　入　金　増　加	14
			割　引　手　形　増　加	7
	合　計	26	合　計	26

（注1）算出方法：26参照。
（注2）算出方法：66参照。

資金運用表の分析

61

固定資金の調達としての減価償却費

　固定資金は長期的な資金として固定資産や固定負債、純資産の各項目の増減が記載されますが、その「調達」欄において、税引前当期純利益とともに減価償却費が計上されます。

　企業が獲得した利益は、新たな内部留保として純資産（剰余金）に含められます。貸借対照表において、純資産は返済不要な資金調達を表しているため、税引前当期純利益は長期資金である固定資金の調達に区分されます。

　減価償却費は、固定資産の取得原価の一部を一定の手続によって当期の費用として配分したものです。したがって、減価償却費は、賃借料や売上原価などの他の費用項目と異なり、現金支出とは直接関係のない費用（非現金支出費用）であるといえます。

　税引前当期純利益は減価償却費を控除した後の金額であるため、税引前当期純利益だけでなく減価償却費相当額も資金の調達として加算します。

■減価償却費と資金の調達

（損益計算書）	
売上高	× × ×
…	…
賃借料	△ × × × → 現金支出あり
減価償却費	△ × × × → 現金支出なし ← 資金の調達
…	…
税引前当期純利益	× × × ←

資金運用表のチェック・ポイント

①固定資金

☑固定資産投資 (注) は、留保利益と減価償却費の範囲内で行われているか。

留保利益＝税引前当期純利益－法人税等支払額－配当金支払額

法人税等支払額 ＝ （前期）未払法人税等＋（当期）法人税等
（26参照）　　　－（当期）未払法人税等

（注）固定資産投資額の算出は66参照。

☑法人税等支払及び前期業績の分配である社外流出（配当金支払）は、税引前当期純利益の範囲内で行われているか。

②運転資金(注)

☑取引規模（売上高）の増減と、売上債権、棚卸資産、仕入債務の増減の動きは同じ方向となっているか。

☑売上債権や棚卸資産の増減幅と、仕入債務の増減幅には整合性があるか。

☑運転資金の過不足の原因は何か。

（注）運転資金の意義は64参照。

③財務資金

☑固定資金や運転資金の過不足はどのように調整されているか。

☑特に、固定資金の不足が、短期借入金や割引手形のような短期資金でまかなわれていないか。

■固定資金の不足と運転資金の不足の考え方

固定資金の不足	長期的な資金運用である固定資産投資の一部が、短期資金によってまかなわれていることを示しており、不健全な資金繰り。
運転資金の不足	その要因によるため、かならずしも不健全な資金繰りとは限らない（期末近くに多額の棚卸資産を取得している場合など）。

資金移動表

62

重要度　　　[★★★]
進度チェック ☑ ☑ ☑

出題【23年6月・問44】

資金移動表とは

　資金移動表は、比較貸借対照表と当該期間の損益計算書から作成され、期中の資金の動きを収支の面と在高の増減の面から把握するために作成される表です。損益計算書の各科目に、前期と当期の貸借対照表項目の増減額を加減算するため、収益・費用の額を収入・支出の額に調整しているということができます。

資金移動表の構造

　資金移動表では、対象期間の収支の動きは、「**経常収支**」「**固定収支**」「**財務収支**」の3つに区分され、収入と支出ごとに記載されます。

　経常収入が経常支出を上回る（または下回る）場合、資金繰りに余裕があることを示しており、その差額は**経常収入超過（または経常支出超過）**として、経常収支の支出（収入）欄に表示されます。

　経常収支差額と固定収支差額は、財務収支の欄に転記されます。

■各収支項目に記載される内容

	損益計算書	貸借対照表
経常収支	売上高、売上原価、販売費及び一般管理費、営業外収益、営業外費用	流動資産、流動負債（財務収支に計上される項目を除く）
固定収支	特別利益、特別損失	固定資産、固定負債、純資産（財務収支に計上される項目を除く）
財務収支		現金預金、短期借入金、割引手形、長期借入金

■資金移動表「経常収支の部」の例

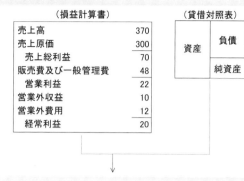

（損益計算書）

売上高	370
売上原価	300
売上総利益	70
販売費及び一般管理費	48
営業利益	22
営業外収益	10
営業外費用	12
経常利益	20

（貸借対照表）

資産	負債
	純資産

支　　出			収　　入		
仕入支出			売上収入		
売上原価	300		売上高	370	
棚卸資産増減	8		売上債権増減	△ 20	350
仕入債務増減	△12	296	営業外収入		
営業費支出			営業外収益	10	10
販管費	48				
減価償却費	△ 5				
諸引当金増減	△ 1	42			
営業外支出					
営業外費用	12	12			
経常支出合計		350			
〔経常収入超過〕		10			
合　　計		360	経常収入合計		360

■経常収支比率

$$経常収支比率（\%）= \frac{経常収入}{経常支出} \times 100$$

経常収支尻がプラス（収入超過）　⇒経常収支比率100%以上

経常収支尻がマイナス（支出超過）⇒経常収支比率100%未満

63

資金繰表

資金繰表とは

　資金繰表は、一定期間における現金収支の動きを、収入・支出の種類ごとに分類整理して計上し、現金過不足の調整や繰越金の状況がまとめられた表をいい、収支を管理・分析するための企業の内部資料です。

■資金繰表の例

		X月	（X＋1）月
前月より繰越①		44	46
収入	売掛金回収 (注1)	107	120
	（手形回収）(注2)	(163)	(177)
	手形取立	82	88
	手形割引	75	87
	（割引落込）	(71)	(74)
	計②	264	295
支出	買掛金支払	78	82
	（支手振出）	(121)	(138)
	支手決済	123	130
	人件費	39	40
	諸経費	23	25
	設備支出	74	6
	計③	337	283
差引過不足 （①＋②－③）		△29	58
財務収支	借入金	85	0
	借入金返済	10	10
翌月へ繰越		46	48

（注1）売掛金の現金回収高
（注2）売掛金の手形回収高（現金では回収されていない）

■売掛金の手形回収割合と買掛金の手形支払割合

$$手形回収割合（\%） = \frac{手形回収高}{売掛金の現金回収高＋手形回収高} \times 100$$

$$手形支払割合（\%） = \frac{手形支払高}{買掛金の現金支払高＋手形支払高} \times 100$$

■売掛金の回収取引の相関図

（注）数値は、左頁「■資金繰表の例」X月の場合。

■買掛金の支払取引の相関図

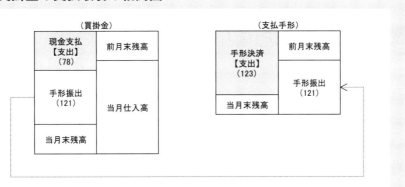

（注）数値は、左頁「■資金繰表の例」X月の場合。

64

[運転資金と設備資金]

運転資金の所要額

重要度　　　[★★★]

進度チェック ☑ ☑ ☑

出題【23年3月・問46】

運転資金とは

　運転資金とは、日常の営業活動において仕入代金の支出等に資金を投下し、生産・販売を経て再び資金として回収されるまでの過程で必要とされる資金をいい、次の計算式で算出されます。

> 運転資金の所要額　＝　売上債権＋棚卸資産－仕入債務

■運転資金の算定図

回転期間を使用した運転資金の算出

　上記の運転資金の額は、各項目の回転期間を使用して、次のように表すことができます。

> 運転資金の所要額
> ＝平均月商×(売上債権回転期間＋棚卸資産回転期間－仕入債務回転期間)
> $$= 平均月商 \times \left[\frac{売上債権}{平均月商} + \frac{棚卸資産}{平均月商} - \frac{仕入債務}{平均月商} \right]$$

（注）平均月商＝売上高÷12

売上高の増加

130

増加運転資金の額
＝増加月商×（売上債権回転期間＋棚卸資産回転期間－仕入債務回転期間）

$$＝増加月商×\left(\frac{売上債権}{平均月商}＋\frac{棚卸資産}{平均月商}－\frac{仕入債務}{平均月商}\right)$$

運転資金項目の平均残高

受取手形の平均残高　＝　平均月商×手形回収割合×手形サイト

売掛金の平均残高　＝　平均月商×（売掛金の平均滞留期間[注]÷30）
（注）下図参照。

商品の平均残高　＝　平均月商×売上原価率×在庫期間

支払手形の平均残高　＝　平均月商×売上原価率
　　　　　　　　　　　　×手形支払割合×手形サイト

買掛金の平均残高　＝　平均月商×売上原価率
　　　　　　　　　　　×（買掛金の平均滞留期間÷30）

■売掛金の平均滞留期間

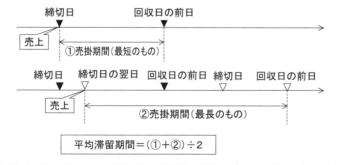

（注）買掛金の平均滞留期間も、売掛金の平均滞留期間と同様に求めることができる。

重要度　　　［★★☆］

進度チェック ☑ ☑ ☑

出題【22年3月・問36】

売上代金の平均回収期間

　前項のように売上債権の平均滞留期間を算定することにより、売上代金の回収条件を考慮して、売上代金の平均回収期間を算出することもできます。

> 売上代金の平均回収期間
> 　　　＝売掛金の平均滞留期間（①）＋受取手形の平均滞留期間（②）

①売掛金の平均滞留期間
　　　＝｛売掛期間（最長）＋売掛期間（最短）｝÷2

②受取手形の平均滞留期間＝手形回収割合×手形サイト

■売上代金の回収期間

売上日	回収	手形決済
▼	▼	▼

売掛金

現　金

受取手形 → 現　金

売掛期間 ｜ 手形サイト

132

手形割引限度枠

　手形割引限度枠とは、取引先ごとに金融機関が設定した手形割引残高の上限額をいいます。

　原則として、取引先企業の受取手形の平均残高が当該企業に対する手形割引限度枠となります。ただし、すでに他行に手形割引限度枠が設定されている場合には、これを控除した部分が当行の手形割引限度枠となります。

> 当行の手形割引限度枠
> 　　　＝受取手形の平均残高－他行の手形割引限度枠

受取手形の平均残高＝平均月商×手形回収割合×手形サイト

■手形割引限度枠の算定図

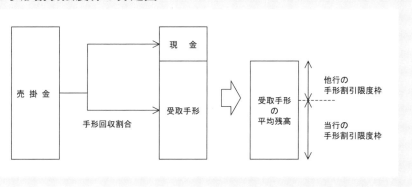

固定資産投資と長期借入金の返済原資

重要度 ［★★☆］
進度チェック ☑ ☑ ☑

出題【23年6月・問45】

固定資産の投資額

　貸借対照表上の固定資産の額は、決算整理としての減価償却を行った後の未償却残高を示しています。

　したがって、当期末における貸借対照表上の固定資産の残高は、前期末から繰り越された固定資産の残高に、当期に新たに取得した額を加え、除却や売却された部分と当期の減価償却費を差し引いた金額として求められることになります。この「当期に新たに取得した額」が当期の固定資産投資額です。

> 固定資産期首残高＋固定資産投資額－除却・売却分の額
> 　　　　　　　　　　－減価償却費＝固定資産期末残高

> 固定資産投資額＝固定資産期末残高＋除却・売却分の額
> 　　　　　　　　　　＋減価償却費－固定資産期首残高

■固定資産投資額と減価償却費

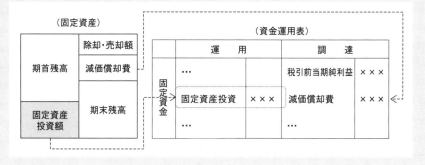

長期借入金の返済原資の額

　固定資産は長期にわたって固定化される資金投資であるため、その回収にも長期間を要することになります。そのため、設備投資に必要な資金（設備資金）を長期借入金によって調達する場合、企業にその借入金に対する返済能力が十分にあるかどうかについて、検討が必要となります。

　設備資金としての長期借入金の返済原資は、次のように算出されます。

長期借入金の返済原資
　＝留保利益[注]＋減価償却費＋増資払込金－既存長期借入金返済額

（注）　留保利益＝当期純利益－社外流出（株主配当金）

　留保利益は企業の獲得した当期純利益のうち、社外流出となる株主配当金を除いたもので、企業に内部留保される利益です。その当期純利益を算出する過程の費用項目のうち、減価償却費は非現金支出費用であるため、これを加えたものが利益を原資とした留保資金として、長期借入金の返済原資となります。

■長期借入金の返済原資の集計表

年　　次	Ｘ１期	Ｘ２期	Ｘ３期	Ｘ４期	Ｘ５期
返済予定額(a)	×××	×××	×××	×××	×××
留保利益	×××	×××	×××	×××	×××
減価償却費	×××	×××	×××	×××	×××
増資払込金	×××	×××	×××	×××	×××
既存借入金返済額	△××	△××	△××	△××	△××
返済原資(b)	×××	×××	×××	×××	×××

（注）　各年度の返済原資(b)が、各年度の返済予定額(a)を上回っていることが望ましいといえる。

135

キャッシュ・フロー計算書の構造

キャッシュ・フロー計算書の意義

　キャッシュ・フロー計算書は、企業の1会計期間におけるキャッシュ・フローの状況を報告するために作成される財務諸表の1つです。

　会社法においては、キャッシュ・フロー計算書は計算書類に含めておらず、作成は義務付けられていません。したがって、キャッシュ・フロー計算書が制度上開示されるのは、金融商品取引法上の有価証券報告書等を作成する上場会社等に限定されます。

　なお、連結財務諸表を作成している会社は、個別キャッシュ・フロー計算書ではなく、連結キャッシュ・フロー計算書を作成することとされています。

キャッシュの範囲

　キャッシュ・フロー計算書は一定期間の「資金」の動きを表すものですが、そこで対象とする「資金」の範囲は「**現金及び現金同等物**」に限定しています。

　現金には、手許現金だけでなく、当座預金、普通預金、通知預金などの要求払預金も含まれます。

　現金同等物とは、容易に換金可能であり、かつ、価値の変動について僅少なリスクしか負わない短期投資をいいます。具体的には、取得日から満期日または償還日までの期間が3ヵ月以内の定期預金、譲渡性預金、コマーシャル・ペーパー（CP）、売戻し条件付現先、公社債投資信託などが含まれます。

資　　金	現金（手許現金、要求払い預金）
	現金同等物（容易に換金可能であり、かつ、価値の変動について僅少なリスクしか負わない短期投資）

キャッシュ・フロー計算書の構造

　キャッシュ・フロー計算書においては、一定期間におけるキャッシュの動きを、企業活動に応じて「**営業活動によるキャッシュ・フロー**[注]」「**投資活動によるキャッシュ・フロー**」「**財務活動によるキャッシュ・フロー**」の３つに区分して表示します。これら３つの合計が「現金及び現金同等物の増加額（減少額）」で、これに期首から保有していたキャッシュの残高である「現金及び現金同等物の期首残高」を加えたものが、期末現在のキャッシュの保有高である「現金及び現金同等物の期末残高」となります。

（注）「営業活動によるキャッシュ・フロー」については 68 69 参照。

投資活動によるキャッシュ・フロー

　投資活動によるキャッシュ・フローとは、企業規模拡大のための設備投資による支出をはじめとした、定期預金の預入や払戻し、株式や有価証券の売買、固定資産の取得・売却などによるキャッシュ・フローをいい、次のような項目が記載されます。

・有価証券（現金同等物を除く）の取得・売却による収入・支出
・有形・無形固定資産の取得・売却による収入・支出
・資金の貸付・貸付金の回収による収入・支出
・連結範囲の変更を伴う子会社株式の取得・売却による収入・支出

財務活動によるキャッシュ・フロー

　財務活動によるキャッシュ・フローとは、企業活動を維持・拡大するための資金借入れによる収入・借入金返済による支出、新株発行による資金調達などによるキャッシュ・フローをいい、次のような項目が記載されます。

・借入、社債の発行、株式の発行による収入
・借入金の返済、社債の償還、自己株式の取得による支出
・配当金の支払

68

営業活動キャッシュ・フロー(1)

重要度　　［★★☆］

進度チェック ☑☑☑

出題【23年6月・問48】

営業活動によるキャッシュ・フロー

　商品の販売による収入や製品を製造・販売するための支出など、本来の営業活動により獲得したキャッシュ・フローのほか、投資活動及び財務活動以外の取引によるキャッシュ・フローが記載されます。

- ・商品や役務の販売による収入
- ・原材料・商品や役務の仕入による支出
- ・人件費の支出
- ・利息・保険金の受取額
- ・利息の支払額
- ・災害による保険金収入
- ・損害賠償金の支払額
- ・法人税等の支払額

直接法による営業活動キャッシュ・フローの表示

　営業活動によるキャッシュ・フローの表示方法には「**直接法**」と「**間接法**」の2つの表示方法があります。

　直接法は、「営業収入」、「原材料又は商品の仕入支出」など主要な取引ごとに収入総額と支出総額を表示する方法です。

　直接法による表示方法は取引に関連付けてキャッシュ・フローを総額で表示するため、営業活動の状況が明瞭に表示されますが、作成のために多くの基礎データを入手する必要があり煩雑とされています。

■キャッシュ・フロー計算書の様式例（直接法）

Ⅰ	営業活動によるキャッシュ・フロー	
	営業収入	7,860
	原材料又は商品の仕入支出	−4,635
	人件費支出	−1,400
	その他の営業支出	−1,169
	小　計	656
	利息及び配当金の受取額	×××
	利息の支払額	−×××
	損害賠償金の支払額	−×××
	……	×××
	法人税等の支払額	−×××
	営業活動によるキャッシュ・フロー	×××
Ⅱ	投資活動によるキャッシュ・フロー	
	有価証券の取得による支出	−×××
	有価証券の売却による収入	×××
	有形固定資産の取得による支出	−×××
	有形固定資産の売却による収入	×××
	投資有価証券の取得による支出	−×××
	投資有価証券の売却による収入	×××
	貸付けによる支出	−×××
	貸付金の回収による収入	×××
	……	×××
	投資活動によるキャッシュ・フロー	×××
Ⅲ	財務活動によるキャッシュ・フロー	
	短期借入れによる収入	×××
	短期借入金の返済による支出	−×××
	長期借入れによる収入	×××
	長期借入金の返済による支出	−×××
	社債の発行による収入	×××
	社債の償還による支出	−×××
	株式の発行による収入	×××
	自己株式の取得による支出	−×××
	配当金の支払額	−×××
	……	×××
	財務活動によるキャッシュ・フロー	×××
Ⅳ	現金及び現金同等物に係る換算差額	×××
Ⅴ	現金及び現金同等物の増加額	×××
Ⅵ	現金及び現金同等物の期首残高	×××
Ⅶ	現金及び現金同等物の期末残高	×××

69

重要度　　　［★★☆］
進度チェック ☑ ☑ ☑

出題【23年3月・問50】

間接法による営業活動キャッシュ・フローの表示

　間接法は、「税引前当期純利益（または純損失)」に必要な調整項目を加減算して「営業活動によるキャッシュ・フロー」を表示する方法です。

　税引前当期純利益は損益計算書（P／L）において算出された項目ですが、その利益指標とキャッシュ・フロー（C／F）には様々な「ズレ」が発生します。そこで、間接法においては、税引前当期純利益を出発点として、損益とキャッシュの動きとのズレを修正していきます。

①非資金項目の修正

　減価償却費や貸倒引当金繰入額は費用項目であるため、税引前当期純利益に影響（利益のマイナス要因）を与えますが、いずれも資金の支出を伴わない費用です。そこで、これらの項目をプラスします。

②発生主義から現金主義への修正

　受取利息・配当金や支払利息は収益・費用として損益計算書に計上されますが、それらの項目は未収や未払いなどを調整した金額で、対象期間における収入額や支出額とは異なります。

　そこで、税引前当期純利益から、損益計算書に計上した受取利息・配当金（または支払利息）をいったんマイナス（またはプラス）して取り消します（②-A）。そして、「小計」の下で、改めて現金主義による「利息及び配当金の受取額」や「利息の支払額」を計上します（②-B）。

③営業活動による資産・負債の調整

　損益計算書においては営業活動による収益が「売上高」として計上されますが、その期間における現金での「営業収入」の額とは異なります。

　そこで、売上高をベースに算出された「税引前当期純利益」に対し、売上債権の増減額を加減算して、現金主義ベースへと調整を行います。

　「売上原価」についても同様に、棚卸資産や仕入債務の増減額を加減算して、現金主義ベースへと調整します。

■営業活動による資産・負債の調整

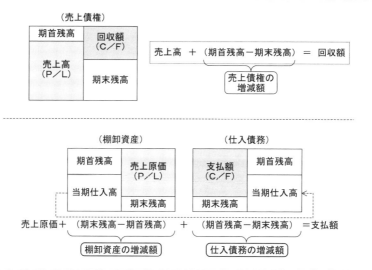

■キャッシュ・フロー計算書の様式例（間接法）

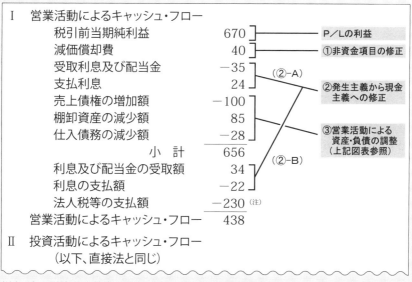

（注）法人税等の支払額の算出方法については26参照。

70

金利負担額の分析

売上高純金利負担率

　静態的安全性分析においては、自己資本比率や負債比率などの指標によって、資金調達方法のバランスとしての借入金依存度も分析することができますが、それが損益に与えるインパクトまでは示されません。

　売上高純金利負担率は、売上高に対して借入金調達コストである金融費用がどの程度あるのかを示す指標で、次のように算出されます。

$$売上高純金利負担率（\%）＝\frac{支払利息－受取利息}{売上高}×100$$

　売上高純金利負担率では、売上高に対する純金利の負担状況をあらわしています。この比率が低いほど、金融負担の依存度が低く、資金調達に占める借入金の割合が低いことが推定されます。

　なお、企業の総合的な収益性を表す総資本経常利益率は、売上高経常利益率と総資本回転率に分解されます（45参照）。このうち売上高経常利益率をさらに分解すると、金融費用は経常利益を算出する過程における営業外損益の内訳項目であり、売上高経常利益率の良否の原因分析のための指標ととらえることもできます。

$$総資本経常利益率　＝　売上高経常利益率　×　総資本回転率$$

インタレスト・カバレッジ・レシオ

インタレスト・カバレッジ・レシオ（Interest coverage ratio）は、企業の**金融費用（利息）の支払能力**を見る指標で、次のように算出されます。

$$インタレスト・カバレッジ・レシオ（倍）＝\frac{営業利益＋受取利息＋受取配当金}{支払利息}$$

インタレスト・カバレッジ・レシオにおいては、本業によって得られた利益である営業利益に金融収益である受取利息と受取配当金を合わせたものが、支払利息の何倍あるかを示しています。

したがって、指標の数値が大きい（倍率が高い）ほど、利息の支払余力があって負債返済能力が高いことを意味しています。一方、この指標が1倍以下の場合、経常的な利益だけでは利息の支払能力がないことを表していることになります。

■インタレスト・カバレッジ・レシオの算定図

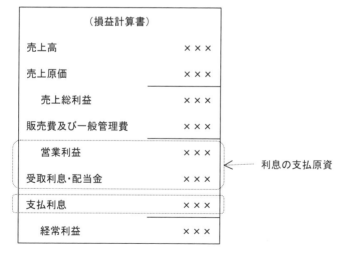

〈執筆〉

小島浩司（監査法人 東海会計社）

銀行業務検定試験
財務3級　直前整理70　2024年度受験用

2024年3月31日　初版第1刷発行

編　者　経済法令研究会
発行者　志　茂　満　仁
発行所　㈱経済法令研究会
〒162-8421　東京都新宿区市谷本村町3-21
電話　代表03(3267)4811 制作03(3267)4823
https://www.khk.co.jp/

営業所／東京 03(3267)4812 大阪 06(6261)2911 名古屋 052(332)3511 福岡 092(411)0805

制作／櫻井寿子　印刷／日本ハイコム㈱　製本／㈱ブックアート

Ⓒ Keizai-hourei kenkyukai 2024 Printed in Japan　　　　　ISBN978-4-7668-3504-5